创业者的极简税务课

谌宪伟　主　编

中国税务出版社

图书在版编目（CIP）数据

创业者的极简税务课/谌宪伟主编．--北京：中国税务出版社，2023.4（2023.7重印）
ISBN 978－7－5678－1293－2

Ⅰ.①创…　Ⅱ.①谌…　Ⅲ.①税收管理－基本知识－中国　Ⅳ.①F812.423

中国国家版本馆 CIP 数据核字（2023）第 037617 号

书　　名： 创业者的极简税务课
CHUANGYEZHE DE JIJIAN SHUIWUKE
作　　者： 谌宪伟　主编
责任编辑： 张　敏
责任校对： 姚浩晴
技术设计： 林立志
出版发行： 中国税务出版社
北京市丰台区广安路 9 号国投财富广场 1 号楼 11 层
邮政编码：100055
网址：https：//www.taxation.cn
投稿：https：//www.taxation.cn/qt/zztg
发行中心电话：（010）83362083/85/86
传真：（010）83362047/49
经　　销： 各地新华书店
印　　刷： 北京天宇星印刷厂
规　　格： 787 毫米×1092 毫米　1/16
印　　张： 12.75
字　　数： 171000 字
版　　次： 2023 年 4 月第 1 版　2023 年 7 月第 2 次印刷
书　　号： ISBN 978－7－5678－1293－2
定　　价： 39.00 元

主　　编

谌宪伟

副主编

邱展智

编写人员

赵　湘　薛香梅　李　论

黄　蔚　曾宪松　何　伟

前言

推动大众创业、万众创新，是充分激发亿万群众智慧和创造力的重大改革举措，是深入实施创新驱动发展战略的重要支撑，是深入推进供给侧结构性改革的重要途径。从社会层面来讲，鼓励大众创业，培育更多充满活力、持续稳定经营的市场主体，能够直接创造更多就业岗位，带动关联产业就业岗位增加，进而促进就业机会公平和社会纵向流动，实现创新、创业、就业的良性循环。从国家税收角度来讲，大众创业、万众创新推动新旧动能转换和经济结构升级，确保国民收入稳定持续增长，是税收永不枯竭的源泉。从创业者个人来讲，选择创业，在创业的道路上不断创新，靠智慧和勤劳创造美好生活，既成就自己又造福国家和社会。

为营造良好的创新创业环境，服务有梦想、有意愿、有能力的各类市场主体创业发展，近几年，政府针对创新创业的主要环节和关键领域陆续推出了系列税费优惠政策和便民办税措施，推进大众创业、万众创新蓬勃发展。

税收，是创业者不可回避的问题。创业者在创业过程中，会遇到各种各样的涉税问题，如“创业税收优惠政策有哪些”“我要交什么税”“如何交税”“怎样获得纳税服务”“怎样防范税务风险”，等等。为此，我们为创业者编写了《创业者的极简税务课》一书，希望帮助创业者了解税务常识，解答创业过程中可能遇到的税务问题；辅导创业者在创业之初选准国家支持的可享受税收优惠的行业和项目，增加创业成功的可能性；清醒认识创业过程中的税务风险，树立税务风险防范意识。

需要说明的是，本书中税收政策规定、税收管理规定和办税服务内容所涉及的文件截至2023年3月底。实务中请以最新法律法规和税务机关的解释为准。

愿《创业者的极简税务课》为您的创业成功助一臂之力！

编　者

2023年3月

目录

第一篇　创业创造税收

第二篇　税收支持创业

第三篇　涉税业务办理渠道

第四篇　办税常识及税务风险提示

第五篇　纳税信用

5

测一测

创业者的税务测试

- **作为公司老板，税务知识对我而言——**　　（　　）

  A. 不需要了解，那是财务人员的事儿

  B. 了解一些税收优惠政策，有助于作经营决策

  C. 需要了解，为了保证企业经营活动的顺利开展

- **公司创业初期还没有生意，是否需要纳税申报？**　　（　　）

  A. 没有收入就不需要申报

  B. 不需要缴税就不用申报

  C. 无论是否取得收入，是否需要纳税，都要按照规定的申报期限进行申报

- **从税务局领用的空白发票丢失了该怎么办？**　　（　　）

  A. 反正是空白的，丢了就丢了

  B. 等要用的时候再去税务局申请领用就行

  C. 要在发现丢失当日书面报告税务机关

继续阅读本书，找到这些问题的答案吧！

第一篇

创业创造税收

成为一名优秀的创业者，做一个聪明的“掌舵人”，往往需要具备多重能力，不仅要有相关领域的专业技能，法律、财税、管理方面的知识也不可或缺。

我国有哪些税？创业需要缴什么税？向哪儿缴税？本篇将从这些最基础的税务问题展开，让你对“税”有一个基本的了解。

第 1 课　我国有哪些税

目前，我国共开征 18 个税种，根据征税对象和现行管理机构职责分工的不同，大致可分为货物和劳务税类、所得税类、财产和行为税类、资源和环境税类等四大类。

货物和劳务税类包括：增值税、消费税、车辆购置税、关税。

所得税类包括：企业所得税、个人所得税。

财产和行为税类包括：城市维护建设税、船舶吨税、城镇土地使用税、房产税、契税、土地增值税、印花税。

资源和环境税类包括：资源税、环境保护税、车船税、耕地占用税、烟叶税。

一、货物和劳务税类

货物和劳务税类是以货物和劳务等的流转额为征税对象的税类，包括增值税、消费税、车辆购置税和关税。

（一）增值税

增值税是对增值额部分征税，能够有效避免生产和流通环节重复征税的问题，在社会财富不断增加的前提下，既可实现国家财政收入与国民收入的同步稳定增长，也有利于专业化协作和社会化大生产，因此被世界大多数国家（地区）广泛采用。

按照我国税法规定，增值税是对在我国境内销售货物或加工、修理修配劳务，销售服务、无形资产或者不动产，以及进口货物的单位和个人，就其销售货物、劳务、服务、无形资产、不动产（以下统称应税销售行为）的增值额或货物进口金额为计税依据而征收的一种税。

货物，是指有形动产，包括电力、热力、气体在内。加工，是指受托加工货物，即委托方提供原料及主要材料，受托方按照委托方的要求，制造货物并收取加工费的业务。修理修配，是指受托对损伤和丧失功能的货物进行修复，使其恢复原状和功能的业务。服务包括交通运输服务、邮政服务、电信服务、建筑服务、金融服务、现代服务、生活服务。无形资产包括技术、商标、商誉、著作权、其他权益性无形资产、自然资源使用权。不动产包括建筑物、构筑物等。

增值税纳税人，是在中华人民共和国境内销售货物或者加工、修理修配劳务，销售服务、无形资产、不动产以及进口货物的单位和个人（包括个体工商户和其他个人），增值税实行凭增值税专用发票（不限于增值税专用发票）抵扣税款的制度，客观上要求纳税人具备健全的会计核算制度和能力。在实际经济生活中，我国增值税纳税人众多，会计核算水平参差不齐。为简化增值税的计算和征收，税法将增值税纳税人按会计核算水平和经营规模分为一般纳税人和小规模纳税人，分别采取不同的登记管理办法。

增值税小规模纳税人的标准是，连续不超过 12 个月（以 1 个月为 1 个纳税期）或者 4 个季度（以 1 个季度为 1 个纳税期）的经营期内累计应征增值税销售额在 500 万元以下（含 500 万元）的纳税人。此外，年应税销售额超过小规模纳税人标准的其他个人按小规模纳税人纳税，非企业单位、不经常发生应税行为的企业，可选择按照小规模纳税人纳税。

我国增值税一般纳税人资格实行登记制度，即凡按规定进行了增值税一般纳税人登记的纳税人都是增值税一般纳税人。小规模纳税人会计核算健全，能够提供准确税务资料的，可以向税务机关申请办理一般纳税人登记，成为一般纳税人。除国家税务总局另有规定外，纳税人一经登记为一般纳税人后，不得转为小规模纳税人。

1. 税率及适用范围

目前，我国增值税的税率分别为13%、9%、6%和0。具体如表1－1所示。

表1－1　　增值税税率及适用范围

增值税税率	适用范围
13%	销售或者进口货物（除适用9%税率和零税率外），提供加工、修理修配劳务以及有形动产租赁服务
9%	货物类包括：①粮食等农产品、食用植物油、鲜奶、食用盐；②自来水、暖气、冷气、热水、煤气、石油液化气、天然气、沼气、居民用煤炭制品和二甲醚；③图书、报纸、杂志、音像制品、电子出版物；④饲料、化肥、农药、农机和农膜；⑤国务院规定的其他货物。 服务、无形资产、不动产类包括：交通运输服务、邮政服务、基础电信服务、建筑服务、不动产租赁服务、销售不动产以及转让土地使用权
6%	提供金融服务，现代服务（除租赁服务以外，如研发和技术服务、信息技术服务、文化创意服务、物流辅助服务、鉴证咨询服务、广播影视服务、商务辅助服务、其他现代服务），增值电信服务，生活服务，销售无形资产（除转让土地使用权以外）
0	出口货物，跨境销售国务院规定范围内的服务、无形资产

增值税小规模纳税人销售货物或者提供加工、修理修配劳务，销售应税服务、无形资产适用3%的征收率；小规模纳税人销售不动产，符合条件经营租赁不动产（土地使用权），转让营改增前取得的土地使用权，房地产开发企业销售、出租自行开发的房地产老项目，符合条件的融资租赁，选择差额纳税的劳务派遣、安全保护服务适用5%的征收率。

2. 纳税义务发生时间

（1）纳税人发生应税行为并收讫销售款项或者取得索取销售款项凭据的当天；先开具发票的，为开具发票的当天。

收讫销售款项，是指纳税人销售服务、无形资产、不动产过程中或者完成后收到款项。

取得索取销售款项凭据的当天，是指书面合同确定的付款日期；

未签订书面合同或者书面合同未确定付款日期的，为服务、无形资产转让完成的当天或者不动产权属变更的当天。

（2）进口货物，为报关进口的当天。

（3）纳税人提供租赁服务采取预收款方式的，其纳税义务发生时间为收到预收款的当天。

（4）纳税人从事金融商品转让的，为金融商品所有权转移的当天。

（5）纳税人发生视同销售服务、无形资产或不动产情形的，为服务、无形资产转让完成的当天或者不动产权属变更的当天。

（6）增值税扣缴义务发生时间为纳税人增值税纳税义务发生的当天。

3. 增值税应纳税额的计算

（1）增值税一般纳税人应纳税额的计算。

应纳税额 = 当期销项税额 − 当期进项税额

销项税额，是指纳税人发生应税行为，按照销售额和增值税税率计算并收取的增值税额，即：

销项税额 = 含税销售额 ÷（1 + 税率）× 税率

进项税额，是指纳税人购进货物、加工修理修配劳务、服务、无形资产或者不动产所支付或者负担的增值税额。

当期销项税额小于当期进项税额不足抵扣时，就形成增值税留抵税额。增值税留抵税额可以结转下期继续抵扣，符合条件的可以办理退税。

准予从销项税额中抵扣的进项税额有：从销售方取得的增值税专用发票上注明的增值税额；从海关取得的海关进口增值税专用缴款书上注明的增值税额；购进农产品准予抵扣的进项税额；纳税人支付的道路、桥、闸通行费的进项税额；纳税人购进国内旅客运输服务取得的增值税电子普通发票上注明的增值税税额；从境外单位或者个人购进劳务、服务、无形资产或者境内的不动产，自税务机关或者扣缴义务人取得的代扣代缴税款的完税凭证上注明的增值税额。

（2）增值税小规模纳税人应纳税额的计算。

应纳税额 = 当期不含税销售额 × 征收率

要点提示

增值税一般纳税人发生财政部和国家税务总局规定的特定应税行为，可以选择适用简易计税方法计税，但一经选择，36 个月内不得变更。

纳税人兼营销售货物、劳务、服务、无形资产或者不动产，适用不同税率或者征收率的，应当分别核算适用不同税率或者征收率的销售额；未分别核算的，从高适用税率或征收率。

一项销售行为如果既涉及服务又涉及货物，为混合销售。从事货物生产、批发或者零售的单位和个体工商户的混合销售行为，按照销售货物缴纳增值税；其他单位和个体工商户的混合销售行为，按照销售服务缴纳增值税。

（二）消费税

消费税是对我国境内从事生产、委托加工和进口某些特定消费品的单位和个人，以及国务院确定的销售某些特定的消费品的其他单位和个人就其销售额或销售数量，在特定环节征收的一种税。简单地说，消费税是对特定的消费品和消费行为征收的一种税。

1. 税目税率

我国现行的消费税包括 15 个税目：烟、酒、高档化妆品、贵重首饰及珠宝玉石、鞭炮焰火、成品油、摩托车、小汽车、高尔夫球及球具、高档手表、游艇、木制一次性筷子、实木地板、电池、涂料。

扫二维码查看税目税率

2. 纳税义务发生时间

（1）纳税人销售应税消费品的，按不同的销售结算方式分别为：

采取赊销和分期收款结算方式的，为书面合同约定的收款日期的当天，书面合同没有约定收款日期或者无书面合同的，为发出应税消费品的当天；

采取预收货款结算方式的，为发出应税消费品的当天；

采取托收承付和委托银行收款方式的，为发出应税消费品并办妥托收手续的当天；

采取其他结算方式的，为收讫销售款或者取得索取销售款凭据的当天。

（2）纳税人自产自用应税消费品的，为移送使用的当天。

（3）纳税人委托加工应税消费品的，为纳税人提货的当天。

（4）纳税人进口应税消费品的，为报关进口的当天。

3. 消费税的纳税环节

（1）生产环节。纳税人生产的应税消费品，由生产者于销售时纳税。生产者自产自用的应税消费品，用于连续生产应税消费品的，不纳税；用于其他方面的，于移送使用时纳税。

委托单位加工的应税消费品，由受托方在向委托方交货时代收代缴税款；委托个人加工的应税消费品，由委托方收回后缴纳消费税。

（2）批发环节。卷烟、电子烟消费税除生产环节征收外，还在批发环节征收。

（3）零售环节。金银首饰、钻石、钻石饰品消费税在零售环节征收，超豪华小汽车在零售环节征收10%的消费税。

（4）进口环节。进口应税消费品，由进口报关者于报关进口时纳税。

4. 消费税应纳税额的计算

消费税应纳税额的计算分为从价定率、从量定额和从价定率、从量定额复合计税三种计算方法。

实行从价定率方法的应纳税额计算公式：

应纳税额 = 应税消费品的销售额 × 比例税率

实行从量定额方法的应纳税额计算公式：

应纳税额 = 应税消费品的销售数量 × 单位税额

实行从价定率和从量定额复合计税方法的应纳税额计算公式：

应纳税额 = 应税消费品的销售数量 × 定额税率 + 应税消费品的销售额 × 比例税率

现行消费税的征税范围中，只有卷烟、白酒采用复合计税的计算方法。

要点提示 <<<<<<

纳税人兼营不同税率的应税消费品，应当分别核算不同税率应税消费品的销售额、销售数量；未分别核算销售额、销售数量，或者将不同税率的应税消费品组成成套消费品销售的，从高适用税率。

（三）车辆购置税

1. 车辆购置税是以在我国境内购置规定的车辆为课税对象，在特定的环节向购置车辆的单位和个人征收的一种税。车辆购置税的征税范围包括汽车、排气量超过150毫升的摩托车、有轨电车、汽车挂车。

2. 车辆购置税的应纳税额按照应税车辆的计税价格乘以税率计算。应税车辆的计税价格，按照下列规定确定：

（1）纳税人购买自用应税车辆的计税价格，为纳税人实际支付给销售者的全部价款，不包括增值税税款；

（2）纳税人进口自用应税车辆的计税价格，为关税完税价格加上关税和消费税；

（3）纳税人自产自用应税车辆的计税价格，按照纳税人生产的同类应税车辆的销售价格确定，不包括增值税税款；

（4）纳税人以受赠、获奖或者其他方式取得自用应税车辆的计税价格，按照购置应税车辆时相关凭证载明的价格确定，不包括增值税税款。

3. 车辆购置税的税率为10%。

4. 车辆购置税实行一次性征收制度。纳税人应当在向公安机关交通管理部门办理车辆登记注册前，向车辆登记地的主管税务机关申报缴纳。若纳税人购置的是已征收车辆购置税的车辆，如二手车，就不需要再缴纳了。同时，国家对公共汽车、新能源车等车辆有减免税优惠政策。

延伸学习 <<<<<<

购置，是指以购买、进口、受赠、自产、获奖以及以拍卖、抵债、罚没等方式取得并自用的行为。

纳税人申报的应税车辆计税价格明显偏低，又无正当理由的，由税务机关依照《中华人民共和国税收征收管理法》的规定核定其应纳税额。

（四）关税

关税是指国家授权海关对准许出入关境的货物和物品征收的一种税。关税以进口货物的收货人、出口货物的发货人、进出境物品的所有人为纳税人，征收对象是海关税则列举的应当征税的进出口的各种货物或物品。货物是指贸易性进出口商品，物品是指非贸易性商品，如旅客携带的、个人邮递的以及用其他方式进口的个人自用物品。我国关税分为进口关税和出口关税。我国对出口商品大多实行出口免税制度，只对国家限制和调控的出口商品征税。

二、所得税类

所得税是以企业与个人的法定所得为征税对象的一类税，对所得多的多征税、所得少的少征税、无所得的不征税，体现量能负担的原则，能够缩小社会贫富差距，促进社会公平，因而被世界各国广泛采用。我国现行所得税包括企业所得税、个人所得税。

（一）企业所得税

1. 企业所得税是就企业生产经营所得和其他所得征收的一种税。

在我国境内，企业和其他取得收入的组织（个人独资企业、合伙企业除外）为企业所得税的纳税人。

企业所得税的纳税人分为居民企业和非居民企业。居民企业，是指依法在中国境内成立，或者依照外国（地区）法律成立但实际管理机构在中国境内的企业。非居民企业，是指依照外国（地区）法律成立且实际管理机构不在中国境内，但在中国境内设立机构、场所的，或者在中国境内未设立机构、场所，但有来源于中国境内所得的企业。

居民企业应当就其来源于中国境内、境外的所得缴纳企业所得税。

非居民企业在中国境内设立机构、场所的，应当就其所设机构、场所取得的来源于中国境内的所得，以及发生在中国境外但与其所设机构、场所有实际联系的所得，缴纳企业所得税。非居民企业在中国境内未设立机构、场所的，或者虽设立机构、场所但取得的所得与其所设机构、场所没有实际联系的，应当就其来源于中国境内的所得缴纳企业所得税。

上述“所得”包括：销售货物所得，提供劳务所得，转让财产所得，股息、红利等权益性投资所得，利息所得，租金所得，特许权使用费所得，接受捐赠所得和其他所得。

上述所称实际联系，是指非居民企业在中国境内设立的机构、场所拥有据以取得所得的股权、债权，以及拥有、管理、控制据以取得所得的财产等。

2. 企业所得税的税率为25%。

非居民企业在中国境内未设立机构、场所的，或者虽设立机构、场所但取得的所得与其所设机构、场所没有实际联系的，其来源于中国境内的所得，适用税率为20%。

3. 企业所得税应纳税所得额和应纳税额的计算。

公式为：

应纳税所得额＝年度收入总额－不征税收入－免税收入－各项扣除－允许弥补的以前年度亏损

应纳税额＝应纳税所得额×适用税率－减免税额－抵免税额

4. 企业所得税按年计征，分月或者分季预缴，年终汇算清缴，多退少补。

延伸学习 <<<<<<

不征税收入包括：财政拨款，依法收取并纳入财政管理的行政事业性收费、政府性基金，国务院规定的其他不征税收入。

（二）个人所得税

1. 我国现行的个人所得税是以个人（自然人）取得的各项应税所得为征税对象而征收的一种税。个人所得税的征税对象包括工资、薪金所得，劳务报酬所得，稿酬所得，特许权使用费所得，经营所得，利息（对储蓄存款利息所得暂免征收个人所得税）、股息、红利所得，财产租赁所得，财产转让所得，偶然所得。

2. 个人所得税的纳税人分为居民纳税人和非居民纳税人。居民纳税人，是指在中国境内有住所，或者无住所而一个纳税年度内在境内居住累计满 183 天的个人。居民个人从中国境内和境外取得的所得应按规定申报缴纳个人所得税。非居民纳税人，是指在中国境内无住所又不居住，或无住所且居住不满 183 天的个人。非居民个人从中国境内取得的所得应按规定申报缴纳个人所得税。

3. 我国个人所得税采用综合与分类相结合的所得税制。

（1）居民个人综合所得，即取得的工资、薪金所得，劳务报酬所得，稿酬所得和特许权使用费所得，按纳税年度合并计算所得，减除费用 60000 元以及专项扣除、专项附加扣除、依法确定的其他扣除和符合条件的公益慈善事业捐赠后的余额计算个人所得税。综合所得适用 3% ~45% 的超额累进税率（见表 1 - 2）。有扣缴义务人的，由扣缴义务人按月或者按次预扣预缴税款；需要办理汇算清缴的，在取得所得的次年 3 月 1 日至 6 月 30 日内办理汇算清缴。

延伸学习 <<<<<<

专项扣除，包括居民个人按照国家规定的范围和标准缴纳的基本养老保险、基本医疗保险、失业保险等社会保险费和住房公积金。

专项附加扣除，包括子女教育、继续教育、大病医疗、住房贷款利息或住房租金、赡养老人、3 岁以下婴幼儿照护等支出。

其他扣除：企业年金、职业年金、商业健康保险和个人养老金等。

表 1－2　　个人所得税税率表一

（综合所得适用）

级数	全年应纳税所得额	税率（%）	速算扣除数
1	不超过 36000 元的部分	3	0
2	超过 36000 元至 144000 元的部分	10	2520
3	超过 144000 元至 300000 元的部分	20	16920
4	超过 300000 元至 420000 元的部分	25	31920
5	超过 420000 元至 660000 元的部分	30	52920
6	超过 660000 元至 960000 元的部分	35	85920
7	超过 960000 元的部分	45	181920

（2）非居民个人工资、薪金所得，劳务报酬所得，稿酬所得，特许权使用费所得应纳税所得额的确定。非居民个人取得上述四项所得，按月或者按次分项计算个人所得税。其中，非居民个人的工资、薪金所得，以每月收入额减除费用 5000 元后的余额为应纳税所得额。计算公式为：

应纳税所得额＝月收入额－5000 元

劳务报酬所得、稿酬所得、特许权使用费所得，以每次收入额为应纳税所得额。每次收入额为每次收入减除 20% 的费用后的余额。稿酬所得的收入额减按 70% 计算。计算公式为：

劳务报酬所得、特许权使用费所得应纳税所得额＝每次收入额＝每次收入×（1－20%）

稿酬所得应纳税所得额 = 每次收入额 = 每次收入 ×（1 −20%）×70%

（3）经营所得。个体工商户、个人独资企业投资人、合伙企业的个人合伙人、承包承租经营者个人以及其他从事生产经营活动的个人取得经营所得，应缴纳个人所得税，以每一纳税年度的收入总额减除成本、费用以及损失后的余额，为应纳税所得税额。经营所得适用 5% ~35% 的超额累进税率（见表 1 −3）。

表 1 −3　　个人所得税税率表二
（经营所得适用）

级数	全年应纳税所得额	税率（%）	速算扣除数
1	不超过 30000 元的	5	0
2	超过 30000 元至 90000 元的部分	10	1500
3	超过 90000 元至 300000 元的部分	20	10500
4	超过 300000 元至 500000 元的部分	30	40500
5	超过 500000 元的部分	35	65500

延伸学习 <<<<<<

经营所得包括：①个体工商户的生产经营所得，在中国境内注册的个人独资企业、合伙企业的生产经营所得；②个人依法从事办学、医疗、咨询等有偿服务活动取得的所得；③个人承包、租赁、分包、转租企事业单位取得的所得；④个人从事其他生产经营活动取得的所得。

（4）利息、股息、红利所得，财产租赁所得，财产转让所得和偶然所得，适用比例税率，税率为 20%。

财产租赁所得，每次收入不超过 4000 元的，减除费用 800 元；4000 元以上的，减除 20% 的费用，其余额为应纳税所得额。

财产转让所得，以转让财产的收入额减除财产原值和合理费用后的余额，为应纳税所得额。

三、财产和行为税类

财产与行为税包括财产课税和行为课税。课税对象分别为财产和某种特定行为。财产税是以纳税人拥有的财产数量或财产价值为课税对象的一类税。行为税是以经济活动中纳税人的某些特定行为为课税对象的一类税。我国财产和行为税包括房产税、印花税、契税、土地增值税、城镇土地使用税、城市维护建设税和船舶吨税。

（一）房产税

房产税就是对房屋财产的征税。以税收的形式对房产这种财富的适当抽取是世界上许多国家和地区的普遍做法，既有利于调节贫富差距，也有利于增加地方财政收入。

并不是所有的房产都要缴纳房产税。房产税只限于城市、县城、建制镇和工矿区（不包括农村）的经营性房屋，要同时符合下面两个条件：一是在征税范围内，二是用于经营活动。

房产税的计税依据是房产余值或房产租金收入。对于经营性房产，大体可分为两类征税：一是房产用于经营，按从价计税的方式征税。依据房产原值一次减除 10% ~30% 以后的余值为计税依据，税率为 1.2%；二是出租房屋，按租金收入的 12% 缴纳房产税。对个人出租住房，不区分用途，均按 4% 的税率征收房产税。房产税按年征收，分期缴纳。具体纳税期限由省、自治区、直辖市人民政府确定。

延伸学习 <<<<<<

房产原值应包括与房屋不可分割的各种附属设备或一般不单独计算价值的配套设施。主要有：暖气、卫生、通风、地下建筑等，纳税人对原有房屋进行改建、扩建的，要相应增加房屋的原值。

（二）印花税

1. 在我国境内书立应税凭证、进行证券交易的单位和个人，为印花税的纳税人，应当缴纳印花税。

在我国境外书立在境内使用的应税凭证的单位和个人，应当缴纳印花税。

应税凭证，是指《印花税法》所附《印花税税目税率表》列明的合同、产权转移书据和营业账簿。

证券交易，是指转让在依法设立的证券交易所、国务院批准的其他全国性证券交易场所交易的股票和以股票为基础的存托凭证。证券交易印花税对证券交易的出让方征收，不对受让方征收。

2. 印花税的应纳税额按照计税依据乘以适用税率（见表 1 –4）计算。

表 1 –4　　印花税税目税率表

税目		税率	备注
合同（指书面合同）	借款合同	借款金额的万分之零点五	指银行业金融机构、经国务院银行业监督管理机构批准设立的其他金融机构与借款人（不包括同业拆借）的借款合同
	融资租赁合同	租金的万分之零点五	
	买卖合同	价款的万分之三	指动产买卖合同（不包括个人书立的动产买卖合同）
	承揽合同	报酬的万分之三	
	建设工程合同	价款的万分之三	
	运输合同	运输费用的万分之三	指货运合同和多式联运合同（不包括管道运输合同）
	技术合同	价款、报酬或者使用费的万分之三	不包括专利权、专有技术使用权转让书据
	租赁合同	租金的千分之一	
	保管合同	保管费的千分之一	
	仓储合同	仓储费的千分之一	
	财产保险合同	保险费的千分之一	不包括再保险合同

续表

税目		税率	备注
产权转移书据	土地使用权出让书据	价款的万分之五	转让包括买卖（出售）、继承、赠与、互换、分割
	土地使用权、房屋等建筑物和构筑物所有权转让书据（不包括土地承包经营权和土地经营权转移）	价款的万分之五	
	股权转让书据（不包括应缴纳证券交易印花税的）	价款的万分之五	
	商标专用权、著作权、专利权、专有技术使用权转让书据	价款的万分之三	
营业账簿		实收资本（股本）、资本公积合计金额的万分之二点五	
证券交易		成交金额的千分之一	

计税依据如下：

（1）应税合同的计税依据，为合同所列的金额，不包括列明的增值税税款；

（2）应税产权转移书据的计税依据，为产权转移书据所列的金额，不包括列明的增值税税款；

（3）应税营业账簿的计税依据，为账簿记载的实收资本（股本）、资本公积合计金额；

（4）证券交易的计税依据，为成交金额。

（三）契税

1. 契税是在土地、房屋发生产权转移时向其承受者征收的一种税。契税的纳税义务人是在我国境内承受土地、房屋权属转移的单位和个人。

2. 契税的应纳税额按照计税依据乘以具体适用税率计算。

计税依据为：

（1）土地使用权出让、出售，房屋买卖，为土地、房屋权属转移合同确定的成交价格，包括应交付的货币以及实物、其他经济利益对应的价款；

（2）土地使用权互换、房屋互换，为所互换的土地使用权、房屋价格的差额；

（3）土地使用权赠与、房屋赠与以及其他没有价格的转移土地、房屋权属行为，为税务机关参照土地使用权出售、房屋买卖的市场价格依法核定的价格。

纳税人申报的成交价格、互换价格差额明显偏低且无正当理由的，由税务机关依照《中华人民共和国税收征收管理法》的规定核定。

契税税率为3% ~5%。具体税率由各省、自治区、直辖市人民政府在3% ~5%税率幅度内提出，报同级人民代表大会常务委员会决定，并报全国人民代表大会常务委员会和国务院备案。

3. 契税的纳税义务发生时间，为纳税人签订土地、房屋权属转移合同的当日，或纳税人取得其他具备有土地、房屋权属转移合同性质的凭证的当日。

（四）土地增值税

土地增值税是对有偿转让国有土地使用权及地上建筑物和其他附着物产权，并取得增值性收入征收的一种税。

纳税人转让房地产所取得的收入减除规定的扣除项目金额后的余额，为增值额。计算增值额的扣除项目包括：①取得土地使用权所支付的金额；②开发土地的成本、费用；③新建房及配套设施的成本、费用，或者旧房及建筑物的评估价格；④与转让房地产有关的税金；

⑤财政部规定的其他扣除项目。

应纳土地增值税 = 增值额 × 适用税率 − 扣除项目金额 × 速算扣除系数

土地增值税依据增值率实行 30% ~60% 的四级超率累进税率，对于增值额不超过扣除项目金额 0.5 倍的，按 30% 征收，超过扣除项目金额 2 倍的按 60% 征收。由此可见，这种类似个人所得税税率的制度设计，目的是有效调节过高利润，抑制房地产开发中的暴利。

表 1－5　土地增值税四级超率累进税率表

级数	增值额与扣除项目金额的比率	税率（%）	速算扣除系数（%）
1	未超过 50% 的部分	30	0
2	超过 50% 未超过 100% 的部分	40	5
3	超过 100% 未超过 200% 的部分	50	15
4	超过 200% 的部分	60	35

（五）城镇土地使用税

谁占地谁缴税，是城镇土地使用税的一个重要特点。在我国境内的城市、县城、建制镇和工矿区内使用土地的单位和个人都是纳税人。

城镇土地使用税以纳税人实际占用的土地面积为计税依据，按照规定税额标准（见表 1－6）计算征收。

表 1－6　城镇土地使用税税额标准表

地区	每平方米年税额
大城市	1.5 元至 30 元
中等城市	1.2 元至 24 元
小城市	0.9 元至 18 元
县城、建制镇、工矿区	0.6 元至 12 元

省、自治区、直辖市人民政府，在规定的税额幅度内，根据市政建设状况、经济繁荣程度等条件，确定所辖地区的适用税额幅度。市、县人民政府应当根据实际情况，将本地区土地划分为若干等级，在省、自治区、直辖市人民政府确定的税额幅度内，制定相应的适用税额标准，报省、自治区、直辖市人民政府批准执行。

经省、自治区、直辖市人民政府批准，经济落后地区土地使用税的适用税额标准可以适当降低，但降低额不得超过规定最低税额的30%。经济发达地区土地使用税的适用税额标准可以适当提高，但须报经财政部批准。

（六）城市维护建设税

城市维护建设税的纳税人是从事生产经营，缴纳“两税”（即增值税、消费税）的单位和个人。任何单位或个人，只要缴纳“两税”中的一种，就必须同时缴纳城市维护建设税。

城市维护建设税的税率根据纳税人所在地区确定：纳税人所在地在市区的，税率为7%；纳税人所在地在县城、镇的为5%；其他地区为1%。

城市维护建设税应纳税额的计算公式为：

应纳税额 =（纳税人实际缴纳的增值税 + 纳税人实际缴纳的消费税）× 适用税率

城市维护建设税应当与“两税”（增值税、消费税）同时缴纳，其纳税期限也与“两税”相同。

出口产品退还“两税”的，不退还已纳的城市维护建设税。

“两税”先征后返、先征后退、即征即退的，不退还城市维护建设税。

（七）船舶吨税

船舶吨税亦称“吨税”，是对自我国境外港口进入境内港口的船舶按船舶净吨位和吨税执照期限征收的税。船舶吨税设置优惠税率和普通税率。

（1）中华人民共和国籍的应税船舶，船籍国（地区）与中华人民共和国签订含有相互给予船舶税费最惠国待遇条款的条约或者协定的应税船舶，适用优惠税率。

（2）其他应税船舶，适用普通税率。

船舶吨税的应纳税额按照船舶净吨位乘以适用税率计算。

船舶吨税由海关负责征收。

四、资源和环境税类

资源和环境税类是有利于资源和环境保护的各种税收的统称，主要包括资源税、耕地占用税、环境保护税、烟叶税、车船税。

（一）资源税

1. 在中华人民共和国领域和中华人民共和国管辖的其他海域开发应税资源的单位和个人，为资源税的纳税人，应当缴纳资源税。

扫二维码查看《资源税税目税率表》

《中华人民共和国资源税法》所附《资源税税目税率表》明确了应税资源的具体范围以及资源税的税目、税率。

2. 资源税按照《资源税税目税率表》实行从价计征或者从量计征。

《资源税税目税率表》中规定可以选择实行从价计征或者从量计征的，具体计征方式由省、自治区、直辖市人民政府提出，报同级人民代表大会常务委员会决定，并报全国人民代表大会常务委员会和国务院备案。

实行从价计征的，应纳税额的计算公式为：

应纳税额 = 应税资源产品的销售额 × 具体适用税率

实行从量计征的，应纳税额的计算公式为：

应纳税额 = 应税资源产品的销售数量 × 具体适用税率

应税产品为矿产品的，包括原矿和选矿产品。

3. 纳税人开采或者生产不同税目应税产品的，应当分别核算不同税目应税产品的销售额或者销售数量；未分别核算或者不能准确提供不同税目应税产品的销售额或者销售数量的，从高适用税率。

4. 纳税人开采或者生产应税产品自用的，应当依照规定缴纳资源税；但是，自用于连续生产应税产品的，不缴纳资源税。

（二）耕地占用税

1. 耕地占用税是对在我国境内占用耕地建设建筑物、构筑物或者从事非农业建设的单位和个人，依据纳税人实际占用耕地面积，按照规定的适用税额一次性征收的一种税。

2. 耕地占用税以纳税人实际占用的耕地面积为计税依据，按照规定的适用税额一次性征收，应纳税额为纳税人实际占用的耕地面积（平方米）乘以适用税额。耕地占用税的税额标准见表 1 –7。

表 1 –7　　耕地占用税税额标准表

地区	每平方米税额
人均耕地不超过一亩的地区（以县、自治县、不设区的市、市辖区为单位，下同）	10 元至 50 元
人均耕地超过一亩但不超过二亩的地区	8 元至 40 元
人均耕地超过二亩但不超过三亩的地区	6 元至 30 元
人均耕地超过三亩的地区	5 元至 25 元

各地区耕地占用税的适用税额，由省、自治区、直辖市人民政府根据人均耕地面积和经济发展等情况，在规定的税额幅度内提出，报同级人民代表大会常务委员会决定，并报全国人民代表大会常务委员

会和国务院备案。各省、自治区、直辖市耕地占用税适用税额的平均水平，不得低于规定的平均税额。

3. 耕地占用税的纳税义务发生时间为纳税人收到自然资源主管部门办理占用耕地手续的书面通知的当日。未经批准占用耕地的，纳税义务发生时间为自然资源主管部门认定的纳税人实际占地的当日。

（三）环境保护税

1. 环境保护税是对在我国领域及管辖的其他海域，直接向环境排放应税污染物的企业事业单位和其他生产经营者征收的一种税。征收环境保护税的主要目的是保护和改善环境，减少污染物排放，推进生态文明建设。

应税污染物是指《环境保护税法》所附《环境保护税税目税额表》（见表 1－8）《应税污染物和当量值表》所规定的大气污染物、水污染物、固体废物和噪声。

表 1－8　　环境保护税税目税额表

税目		计税单位	税额	备注
大气污染物		每污染当量	1.2 元至 12 元	
水污染物		每污染当量	1.4 元至 14 元	
固体废物	煤矸石	每吨	5 元	
	尾矿	每吨	15 元	
	危险废物	每吨	1000 元	
	冶炼渣、粉煤灰、炉渣、其他固体废物（含半固态、液态废物）	每吨	25 元	

续表

<table>
<tr><th colspan="2">税目</th><th>计税单位</th><th>税额</th><th>备注</th></tr>
<tr><td rowspan="6">噪声</td><td rowspan="6">工业噪声</td><td>超标 1～3 分贝</td><td>每月 350 元</td><td rowspan="6">1. 一个单位边界上有多处噪声超标，根据最高一处超标声级计算应纳税额；当沿边界长度超过 100 米有两处以上噪声超标，按照两个单位计算应纳税额。
2. 一个单位有不同地点作业场所的，应当分别计算应纳税额，合并计征。
3. 昼、夜均超标的环境噪声，昼、夜分别计算应纳税额，累计计征。
4. 声源一个月内超标不足 15 天的，减半计算应纳税额。
5. 夜间频繁突发和夜间偶然突发厂界超标噪声，按等效声级和峰值噪声两种指标中超标分贝值高的一项计算应纳税额。</td></tr>
<tr><td>超标 4～6 分贝</td><td>每月 700 元</td></tr>
<tr><td>超标 7～9 分贝</td><td>每月 1400 元</td></tr>
<tr><td>超标 10～12 分贝</td><td>每月 2800 元</td></tr>
<tr><td>超标 13～15 分贝</td><td>每月 5600 元</td></tr>
<tr><td>超标 16 分贝以上</td><td>每月 11200 元</td></tr>
</table>

扫二维码查看《应税污染物和当量值表》

2. 应税污染物的计税依据，按照下列方法确定：

（1）应税大气污染物按照污染物排放量折合的污染当量数确定；

（2）应税水污染物按照污染物排放量折合的污染当量数确定；

（3）应税固体废物按照固体废物的排放量确定；

（4）应税噪声按照超过国家规定标准的分贝数确定。

3. 环境保护税应纳税额按照下列方法计算：

（1）应税大气污染物的应纳税额为污染当量数乘以具体适用税额；

（2）应税水污染物的应纳税额为污染当量数乘以具体适用税额；

（3）应税固体废物的应纳税额为固体废物排放量乘以具体适用税额；

（4）应税噪声的应纳税额为超过国家规定标准的分贝数对应的具体适用税额。

4. 有下列情形之一的，不属于直接向环境排放污染物，不缴纳相应污染物的环境保护税：

（1）企业事业单位和其他生产经营者向依法设立的污水集中处理、生活垃圾集中处理场所排放应税污染物的。

（2）企业事业单位和其他生产经营者在符合国家和地方环境保护标准的设施、场所贮存或者处置固体废物的。

（3）畜禽养殖场依法对畜禽养殖废弃物进行综合利用和无害化处理的。

（四）烟叶税

在我国境内，依照《烟草专卖法》的规定收购烟叶的单位为烟叶税的纳税人。烟叶包括晾晒烟叶和烤烟叶。

烟叶税实行比例税率，税率为20%，计税依据为纳税人收购烟叶实际支付的价款总额。

（五）车船税

在我国境内的属于车船税应税车辆、船舶的所有人或管理人为车船税的纳税人。车辆、船舶是指依法应当在车船登记管理部门登记的机动车辆和船舶，和依法不需要在车船登记管理部门登记的在单位内部场所行驶或者作业的机动车辆和船舶。

车船税实行定额税率，按年申报缴纳。车辆的具体适用税额由省、自治区、直辖市人民政府依照《中华人民共和国车船税法》所附《车船税税目税额表》（见表1－9）规定的税额幅度和国务院的规定确定。船舶的具体适用税额由国务院在《中华人民共和国车船税法》所附《车船税税目税额表》规定的税额幅度内确定。

表 1－9　　车船税税目税额表

税目		计税单位	年基准税额	备注
乘用车［按发动机汽缸容量（排气量）分档］	1.0 升（含）以下的	每辆	60 元～360 元	核定载客人数 9 人（含）以下
	1.0 升以上至 1.6 升（含）的		300 元～540 元	
	1.6 升以上至 2.0 升（含）的		360 元～660 元	
	2.0 升以上至 2.5 升（含）的		660 元～1200 元	
	2.5 升以上至 3.0 升（含）的		1200 元～2400 元	
	3.0 升以上至 4.0 升（含）的		2400 元～3600 元	
	4.0 升以上的		3600 元～5400 元	
商用车	客车	每辆	480 元～1440 元	核定载客人数 9 人以上，包括电车
	货车	整备质量每吨	16 元～120 元	包括半挂牵引车、三轮汽车和低速载货汽车等
挂车		整备质量每吨	按照货车税额的 50% 计算	
其他车辆	专用作业车	整备质量每吨	16 元～120 元	不包括拖拉机
	轮式专用机械车	整备质量每吨	16 元～120 元	
摩托车		每辆	36 元～180 元	
船舶	机动船舶	净吨位每吨	3 元～6 元	拖船、非机动驳船分别按照机动船舶税额的 50% 计算
	游艇	艇身长度每米	600 元～2000 元	

要点提示

（1）捕捞、养殖渔船，警用车船等车船免征车船税。节约能源、使用新能源的车船可以减征或者免征车船税。

（2）从事机动车第三者责任强制保险业务的保险机构为机动车车船税的扣缴义务人，应当在收取保险费时依法代收车船税，并出具代收税款凭证。

延伸学习

为了便利征管，节约行政资源，除了税款征收外，税务机关还负责征收社会保险费和部分非税收入。本书简要介绍了与创业者最相关且经常性发生的教育费附加、单位社会保险费、残疾人就业保障金、文化事业建设费的申报缴费注意事项。税务机关负责征收的个人社会保险费和非税收入项目的征收依据、征收对象、征收标准和具体征收方式等具体内容，请咨询当地税务机关、12366 纳税缴费服务热线或国家税务总局 12366 纳税服务平台（网址：https://12366.chinatax.gov.cn）。

第 2 课　创业要缴什么税

经济是税收的源泉，创业是发展经济的原动力。创业者在创造财富的同时，就创造了税源。

创造税收并依法纳税是创业者成功的一个标志。那创业者要缴什么税呢？这个问题很难用一句话来回答，让我们用几个案例来进行解释。

一、创不同的业，缴不同的税

某工程机械股份有限公司（机械制造业）、某面业股份有限公司（食品加工业）、某大型超市股份有限公司（商业零售业）三家不同行业的企业缴税情况如表 1－10 所示。

表 1－10　　三家企业缴纳的税种

税种	增值税	消费税	车辆购置税	关税	企业所得税	个人所得税	房产税	城镇土地使用税	车船税	印花税	城市维护建设税
某工程机械股份有限公司	●		●	●	●	●	●	●	●	●	●
某面业股份有限公司	●		●		●	●	●	●	●	●	●
某大型超市股份有限公司	●	●	●		●	●	●	●	●	●	●

注：“●”表示该企业有这种税。

表 1－10 说明三家企业在缴纳消费税、关税上存在不同。某工程机械股份有限公司因有进口设备、材料等业务，所以需缴纳关税。某大型超市有销售金银首饰业务，由于金银首饰属于消费税的征收品目，因此某大型超市还缴纳了消费税。

二、创不同的业，缴相同的税

从表 1－10 可以看出，三家不同行业的企业在生产流通过程中实现了增值，都缴纳了增值税；因为当年都有利润，都缴纳了企业所得税；三家企业都有部分职工的收入超过了个人所得税免征额，企业依法履行代扣代缴义务，扣缴了个人所得税；三家企业以缴纳的增值税、消费税为计税依据，都要缴纳附加税费（城市维护建设税、教育费附加等）；三家企业都有各种经济合同等，都要缴纳印花税；三家企业都有经营性房屋，都要缴纳房产税和城镇土地使用税；三家企业都有生产经营用汽车，需要缴纳车辆购置税和车船税。

通过表 1－10 还可以看出，创业者不是每一个税种都要缴纳，关键是看您和您的企业是否有税法规定的应税收入、应税行为和应税财产。

三、创相同的业，缴不同的税

创业者如果经营的行业和产品都相同，但由于某些条件不同，其所承担的税收负担也会有很大的差别。

比如，同样是开社区超市的个体户，甲因为规模较大，而每月或每季需定额缴纳增值税；而乙规模较小，月销售额没有达到 10 万元或季销售额没有达到 30 万元，而不需缴纳增值税。这主要由于纳税人的经营规模不同，为扶持小微企业发展，国家对月销售额在 10 万元（含本数，按季申报纳税的季度销售额 30 万元）以下的增值税小规模纳税人，免征增值税。

又如，同样是水泥厂，甲企业是利用废渣生产水泥，且废渣占水泥原料的比例达到一定标准，又符合水泥污染物排放标准，那么甲企业销售利用废渣生产的水泥可享受增值税即征即退 70% 的优惠；而乙企业是一家普通工艺的传统水泥厂，则不能像甲企业一样享受税收优惠政策。因为，国家为鼓励资源综合利用，对一些资源综合利用产品出台了税收优惠政策。

再如，同样是水电厂，甲企业设立在西部地区，可减按 15% 税率缴纳企业所得税；而设立在东部地区的乙企业却要按 25% 的法定税率缴纳企业所得税。因为，根据国家西部大开发战略，设在西部地区的鼓励类产业企业可享受企业所得税优惠。这是国家为促进各地区协调发展，帮助西部地区经济发展和社会进步出台的区域性税收优惠政策。

还有，同样是餐饮企业，甲企业因安置了取得《就业创业证》的失业人员，可按实际招用人数予以定额依次扣减增值税、城市维护建设税、教育费附加、地方教育附加和企业所得税，定额标准为每人每年6000元，最高可上浮30%；而乙企业没有吸纳失业人员，就不能享受该政策。因为，国家为鼓励重点群体创业就业，出台了按吸纳人员人数定额扣减税的政策。

现实生活中，一个成功的创业者在与税收共舞的过程中可以跳得非常完美，这种完美不在于您的舞姿，而是您所从事的经济活动与税收政策的旋律是否合拍，把各种类型的税收优惠政策用足用活。因此，在创业之初，您就要把学习税法知识作为创业计划书的重要内容之一。

第3课　向谁缴税

税交给国家或政府。政府通过财政和国库来具体管理财政资金。纳税人通过银行系统转账的税款直接进入国库，只有税务机关直接收取的现金税款才需要由税务机关解缴入库。因此，现代意义上的税务机关，主要是受理纳税人的申报，帮助纳税人履行纳税义务，公正公平地执行税法。我国现有税务局和海关两套税收机构。哪些税向税务局申报缴纳？哪些税向海关申报缴纳？这是很多创业者关心的问题。

一、税务局征收管理范围

税务局征收管理的范围是：增值税、消费税、车辆购置税、企业所得税、个人所得税、资源税、印花税、城市维护建设税、房产税、城镇土地使用税、耕地占用税、契税、土地增值税、车船税、烟叶税、环境保护税。

二、海关征收管理范围

海关负责征收管理的范围是：关税、船舶吨税。此外，海关还负责代征进口环节的增值税、消费税。

第二篇

税收支持创业

近年来，为推进大众创业、万众创新，国家出台了一系列税收优惠政策。本篇将与你一起从企业初创、产业发展、项目扶持、区域发展等方面来了解我国现行税收优惠政策，为创业者提供决策的参考、起步的底气和经营发展的信心。

第 4 课　企业初创

企业初创期除了普惠式税收优惠，符合条件的小微企业、个体工商户，特殊群体创业或者吸纳特殊群体就业（高校毕业生、失业人员、退役士兵、军转干部、随军家属、残疾人、回国服务的在外留学人员、长期来华定居专家等）还能享受特殊的税费优惠。同时，国家还对扶持企业成长的科技企业孵化器、大学科技园等创业就业平台，创投企业、金融机构、企业和个人等给予税收优惠。

一、小微企业税费优惠

小微企业（含个体工商户）是市场主体初创阶段的主要形态，占市场主体数量超过九成。支持小微企业发展，关乎整个创业形势的大局。多年来，国家对小微企业实施普惠性税费优惠政策，对营业收入、就业人数、资产总额等在一定规模以下的小微企业给予税费减免，全面激发万众创业的活力。

（一）符合条件的增值税小规模纳税人免征增值税

自 2023 年 1 月 1 日至 2023 年 12 月 31 日，增值税小规模纳税人发生增值税应税销售行为，合计月销售额未超过 10 万元（以 1 个季度为 1 个纳税期的，季度销售额未超过 30 万元）的，免征增值税。

（二）阶段性减免增值税小规模纳税人增值税

自 2023 年 1 月 1 日至 2023 年 12 月 31 日，增值税小规模纳税人适用 3% 征收率的应税销售收入，减按 1% 征收率征收增值税；适用 3%

预征率的预缴增值税项目，减按1%预征率预缴增值税。

（三）小型微利企业减免企业所得税

自2023年1月1日至2024年12月31日，对小型微利企业年应纳税所得额不超过100万元的部分，减按25%计入应纳税所得额，按20%的税率缴纳企业所得税。

2022年1月1日至2024年12月31日，对小型微利企业年应纳税所得额超过100万元但不超过300万元的部分，减按25%计入应纳税所得额，按20%的税率缴纳企业所得税。

（四）个体工商户应纳税所得额不超过100万元部分个人所得税减半征收

2021年1月1日至2024年12月31日，对个体工商户经营所得年应纳税所得额不超过100万元的部分，在现行优惠政策基础上，减半征收个人所得税。

（五）小微企业减征地方“六税两费”

自2022年1月1日至2024年12月31日，由省、自治区、直辖市人民政府根据本地区实际情况，以及宏观调控需要确定，对增值税小规模纳税人、小型微利企业和个体工商户可以在50%的税额幅度内减征资源税、城市维护建设税、房产税、城镇土地使用税、印花税（不含证券交易印花税）、耕地占用税和教育费附加、地方教育附加。

增值税小规模纳税人、小型微利企业和个体工商户已依法享受资源税、城市维护建设税、房产税、城镇土地使用税、印花税、耕地占用税、教育费附加、地方教育附加其他优惠政策的，可叠加享受此项优惠政策。

（六）符合条件的企业暂免征收残疾人就业保障金

自2020年1月1日至2027年12月31日，在职职工人数在30人

（含）以下的企业，暂免征收残疾人就业保障金。

（七）符合条件的缴纳义务人免征有关政府性基金

按月纳税的月销售额不超过 10 万元，以及按季度纳税的季度销售额不超过 30 万元的缴纳义务人免征教育费附加、地方教育附加、水利建设基金。

（八）符合条件的增值税小规模纳税人免征文化事业建设费

增值税小规模纳税人中月销售额不超过 2 万元（按季纳税 6 万元）的企业和非企业性单位提供的应税服务，免征文化事业建设费。

二、重点群体创业就业税费优惠

失业人员、建档立卡贫困人口、高校毕业生、残疾人、退役士兵、军转干部、随军家属等重点就业群体是否充分就业，关乎社会稳定和基本民生。近年来，国家出台了一系列支持重点群体创业就业的税费优惠政策，以期达到充分调动各方面创业就业积极性，实现稳企纾困、稳岗拓岗的目的。

（一）重点群体创业税费扣减

自 2019 年 1 月 1 日至 2025 年 12 月 31 日，建档立卡贫困人口、持《就业创业证》（注明“自主创业税收政策”或“毕业年度内自主创业税收政策”）或《就业失业登记证》（注明“自主创业税收政策”）的人员从事个体经营的，自办理个体工商户登记当月起，在 3 年（36 个月，下同）内按每户每年 12000 元为限额依次扣减其当年实际应缴纳的增值税、城市维护建设税、教育费附加、地方教育附加和个人所得税。限额标准最高可上浮 20%，各省、自治区、直辖市人民政府可根据本地区实际情况在此幅度内确定具体限额标准。

（二）吸纳重点群体就业税费扣减

自2019年1月1日至2025年12月31日，企业招用建档立卡贫困人口，以及在人力资源社会保障部门公共就业服务机构登记失业半年以上且持《就业创业证》或《就业失业登记证》（注明“企业吸纳税收政策”）的人员，与其签订1年以上期限劳动合同并依法缴纳社会保险费的，自签订劳动合同并缴纳社会保险当月起，在3年内按实际招用人数予以定额依次扣减增值税、城市维护建设税、教育费附加、地方教育附加和企业所得税优惠。定额标准为每人每年6000元，最高可上浮30%，各省、自治区、直辖市人民政府可根据本地区实际情况在此幅度内确定具体定额标准。

（三）退役士兵创业税费扣减

自2019年1月1日至2023年12月31日，自主就业退役士兵从事个体经营的，自办理个体工商户登记当月起，在3年（36个月，下同）内按每户每年12000元为限额依次扣减其当年实际应缴纳的增值税、城市维护建设税、教育费附加、地方教育附加和个人所得税。限额标准最高可上浮20%，各省、自治区、直辖市人民政府可根据本地区实际情况在此幅度内确定具体限额标准。

（四）吸纳退役士兵就业税费扣减

2019年1月1日至2023年12月31日，招用自主就业退役士兵，与其签订1年以上期限劳动合同并依法缴纳社会保险费的，自签订劳动合同并缴纳社会保险当月起，在3年内按实际招用人数予以定额依次扣减增值税、城市维护建设税、教育费附加、地方教育附加和企业所得税优惠。定额标准为每人每年6000元，最高可上浮50%，各省、自治区、直辖市人民政府可根据本地区实际情况在此幅度内确定具体定额标准。

(五) 随军家属创业免征增值税

从事个体经营的随军家属，自办理税务登记事项之日起，其提供的应税服务3年内免征增值税。

(六) 随军家属创业免征个人所得税

从事个体经营的随军家属，随军家属从事个体经营，自领取税务登记证之日起，3年内免征个人所得税。

(七) 安置随军家属就业的企业免征增值税

为安置随军家属就业而新开办的企业，自领取税务登记证之日起，其提供的应税服务3年内免征增值税。

(八) 军队转业干部创业免征增值税

从事个体经营的军队转业干部，自领取税务登记证之日起，其提供的应税服务3年内免征增值税。

(九) 自主择业的军队转业干部免征个人所得税

自主择业的军队转业干部从事个体经营，自领取税务登记证之日起，3年内免征个人所得税。

(十) 安置军队转业干部就业的企业免征增值税

为安置自主择业的军队转业干部就业而新开办的企业，自领取税务登记证之日起，其提供的应税服务3年内免征增值税。

(十一) 残疾人创业免征增值税

残疾人个人提供的加工、修理修配劳务，为社会提供的应税服务，免征增值税。

（十二）安置残疾人就业的单位和个体工商户增值税即征即退

对安置残疾人的单位和个体工商户（以下称纳税人），实行由税务机关按纳税人安置残疾人的人数，限额即征即退增值税。每月可退还的增值税具体限额，由县级以上税务机关根据纳税人所在区县（含县级市、旗）适用的经省（含自治区、直辖市、计划单列市）人民政府批准的月最低工资标准的4倍确定。

一个纳税期已缴增值税额不足退还的，可在本纳税年度内以前纳税期已缴增值税扣除已退增值税的余额中退还，仍不足退还的可结转本纳税年度内以后纳税期退还，但不得结转以后年度退还。纳税期限不为按月的，只能对其符合条件的月份退还增值税。

（十三）安置残疾人就业的企业残疾人工资加计扣除

企业安置残疾人员的，在按照支付给残疾职工工资据实扣除的基础上，可以在计算应纳税所得额时按照支付给残疾职工工资的100%加计扣除。

（十四）安置残疾人就业的单位减免城镇土地使用税

对在一个纳税年度内月平均实际安置残疾人就业人数占单位在职职工总数的比例高于25%（含25%）且实际安置残疾人人数高于10人（含10人）的单位，可减征或免征该年度城镇土地使用税。具体减免税比例及管理办法由省、自治区、直辖市财税主管部门确定。

三、创业就业平台税收优惠

科技企业孵化器和众创空间是培育和扶植初创企业特别是科技型

中小企业的服务机构，通过为企业提供物理空间和基础设施，提供一系列服务支持，降低创业者的创业风险和创业成本，提高创业成功率，促进科技成果转化，帮助和支持科技型中小企业成长与发展。税收给予科技企业孵化器和众创空间减免税优惠，引导创业就业平台加大对"双创"活动的支持，间接支持企业创业创新。

（一）科技企业孵化器和众创空间免征增值税

自 2019 年 1 月 1 日至 2023 年 12 月 31 日，对国家级、省级科技企业孵化器和国家备案众创空间向在孵对象提供孵化服务取得的收入，免征增值税。

（二）科技企业孵化器和众创空间免征房产税

自 2019 年 1 月 1 日至 2023 年 12 月 31 日，对国家级、省级科技企业孵化器和国家备案众创空间自用以及无偿或通过出租等方式提供给在孵对象使用的房产，免征房产税。

（三）科技企业孵化器和众创空间免征城镇土地使用税

自 2019 年 1 月 1 日至 2023 年 12 月 31 日，对国家级、省级科技企业孵化器和国家备案众创空间自用以及无偿或通过出租等方式提供给在孵对象使用的土地，免征城镇土地使用税。

（四）大学科技园免征增值税

自 2019 年 1 月 1 日至 2023 年 12 月 31 日，对国家级、省级大学科技园向在孵对象提供孵化服务取得的收入，免征增值税。

（五）大学科技园免征房产税和城镇土地使用税

自 2019 年 1 月 1 日至 2023 年 12 月 31 日，对国家级、省级大学科技园自用以及无偿或通过出租等方式提供给在孵对象使用的房产、土地，免征房产税和城镇土地使用税。

四、创业投资税收优惠

为进一步落实创新驱动发展战略，更好地鼓励和扶持种子期、初创期科技型企业发展，创业投资企业、有限合伙制创业投资企业合伙人、天使投资个人和北京市中关村国家自主创新示范区内公司型创业投资企业等投资于种子期、初创期科技型企业，符合相关条件的，可享受企业所得税、个人所得税优惠政策。

五、金融支持税收优惠

中小微企业和农村经济是国民经济发展的生力军和基石，在促进经济增长、扩大就业、促进创新、繁荣市场和满足人民群众需求等方面，发挥着极为重要的作用。为加大对中小微企业、乡村振兴的支持力度，金融机构、小额贷款公司向中小微企业和农户发放贷款、纳税人以非货币性资产对外投资或纳税人为农户及小型微型企业提供融资担保及再担保业务等，符合相关条件的，可享受增值税、企业所得税、个人所得税、印花税优惠政策。

第 5 课　产业发展

我国对国家鼓励发展的产业、行业实施多种方式的优惠政策，熟悉掌握这些政策，可以帮助创业者选准创业舞台，在风险和挑战并存的创业中，降低创业风险，享受政策红利。

创新是引领发展的第一动力。企业实现高质量发展，必然要走科技创新的道路。一直以来，国家高度重视运用税收政策支持科技创新，出台一系列优惠政策引导企业投资高新技术产业。

农业是国民经济的基础，涉农产业振兴也是乡村振兴的重中之重。为鼓励市场主体从事农业产业经营，现行税收政策在促进农业生产、鼓励新型经营主体发展、促进农产品流通等方面实施了一系列优惠政策，既巩固“三农”地位，也有利于助力乡村振兴。

此外，交通、教育、科技、文化、医疗、生活服务等产业是容纳创业就业的重要行业，也是关乎社会民生的“幸福产业”。税收政策对社会领域实施系列税收优惠政策，既降低了创业者的税收负担，又提高了居民生活的幸福指数。

资金是创业的关键要素。为了缓解广大创业者普遍反映的融资难、融资贵问题，国家出台“涉小涉农”贷款等税收优惠政策，间接引导金融业加大普惠金融政策实施力度，加强对小微企业的金融支持，提高创业者贷款可获得性，并降低融资成本。

一、高新技术产业

（一）高新技术企业减征企业所得税

国家重点支持的电子信息、生物与新医药、航空航天、新材料、高技术服务、新能源与节能、资源与环境、先进制造与自动化等领域的高新技术企业①，减按15%的税率征收企业所得税。

① 详见《科技部 财政部 国家税务总局关于修订印发〈高新技术企业认定管理办法〉的通知》（国科发火〔2016〕32号）。

（二）技术先进型服务企业减征企业所得税

自2017年1月1日起，对经认定的技术先进型服务企业①，减按15%的税率征收企业所得税。

（三）高新技术企业和科技型中小企业亏损结转年限延长至10年

2018年1月1日起，当年具备高新技术企业或科技型中小企业资格（以下统称资格）的企业，其具备资格年度之前5个年度发生的尚未弥补完的亏损，准予结转以后年度弥补，最长结转年限由5年延长至10年。

二、软件产业

1. 软件产品增值税优惠

增值税一般纳税人销售其自行开发生产的软件产品②（包括动漫产品）或将进口软件产品进行本地化改造后对外销售的，按13%税率征收增值税后，对其增值税实际税负超过3%的部分实行即征即退优惠。

受托开发软件产品，著作权属于委托方或属于双方共同拥有的不征收增值税，著作权属于受托方的征收增值税；对经过国家版权局注册登记，纳税人在销售时一并转让著作权、所有权的，不征收增值税。

出口软件产品免征增值税。

---

① 详见《财政部 税务总局 商务部 科技部 国家发展改革委关于将技术先进型服务企业所得税政策推广至全国实施的通知》（财税〔2017〕79号）。

② 详见《财政部 国家税务总局关于软件产品增值税政策的通知》（财税〔2011〕100号）。

2. 国家鼓励的重点软件企业减免企业所得税

自2020年1月1日起，国家鼓励的重点软件企业[①]，自获利年度起，第1年至第5年免征企业所得税，接续年度减按10%的税率征收企业所得税。

3. 国家鼓励的软件企业定期减免企业所得税

自2020年1月1日起，国家鼓励的软件企业，自获利年度起，第1年至第2年免征企业所得税，第3年至第5年按照25%的法定税率减半征收企业所得税。

4. 软件企业取得即征即退增值税款用于软件产品研发和扩大再生产企业所得税政策

软件企业（包括动漫企业）按规定取得的即征即退增值税款，由企业专项用于软件产品研发和扩大再生产并单独进行核算，可以作为不征税收入，在计算应纳税所得额时从收入总额中减除。

5. 企业外购软件缩短折旧或摊销年限

企业外购的软件，凡符合固定资产或无形资产确认条件的，可以按照固定资产或无形资产进行核算，其折旧或摊销年限可以适当缩短，最短可为2年（含）。

6. 职工培训费用据实扣除

符合条件的软件企业职工培训费用按实际发生额税前扣除。

符合条件的软件企业的职工培训费用，应单独进行核算并按实际发生额在计算应纳税所得额时扣除。

要点提示 <<<<<<

享受增值税优惠政策的软件应取得著作权行政管理部门颁发的《计算机软件著作权登记证书》。

① 详见《财政部 税务总局 发展改革委 工业和信息化部关于促进集成电路产业和软件产业高质量发展企业所得税政策的公告》（财政部 税务总局 发展改革委 工业和信息化部公告2020年第45号）。

国家鼓励的软件企业条件由工业和信息化部会同国家发展改革委、财政部、税务总局等相关部门制定。国家鼓励的重点软件企业清单由国家发展改革委、工业和信息化部会同财政部、税务总局等相关部门制定。

享受软件企业优惠事项的企业，应当在完成年度汇算清缴后，按照《企业所得税优惠事项管理目录（2017 年版）》“后续管理要求”项目中列示的清单向税务机关提交资料。

三、集成电路企业

（1）对国家批准的集成电路重大项目企业[①]因购进设备形成的增值税期末留抵税额准予退还。

（2）享受增值税期末留抵退税政策的集成电路企业，其退还的增值税期末留抵税额，应在城市维护建设税、教育费附加和地方教育附加的计税（征）依据中予以扣除。

（3）承建集成电路重大项目的企业自 2020 年 7 月 27 日至 2030 年 12 月 31 日期间进口新设备，除《国内投资项目不予免税的进口商品目录》、《外商投资项目不予免税的进口商品目录》和《进口不予免税的重大技术装备和产品目录》所列商品外，对未缴纳的税款提供海关认可的税款担保，准予在首台设备进口之后的 6 年（连续 72 个月）期限内分期缴纳进口环节增值税，6 年内每年（连续 12 个月）依次缴纳进口环节增值税总额的 0、20%、20%、20%、20%、20%，自首台设备进口之日起已经缴纳的税款不予退还。在分期纳税期间，海关对准予分期缴纳的税款不予征收滞纳金。

（4）国家鼓励的集成电路线宽小于 28 纳米（含），且经营期在 15

① 详见《财政部 国家税务总局关于退还集成电路企业采购设备增值税期末留抵税额的通知》（财税〔2011〕107 号）。

年以上的集成电路生产企业或项目，第1年至第10年免征企业所得税；国家鼓励的集成电路线宽小于65纳米（含），且经营期在15年以上的集成电路生产企业或项目，第1年至第5年免征企业所得税，第6年至第10年按照25%的法定税率减半征收企业所得税；国家鼓励的集成电路线宽小于130纳米（含），且经营期在10年以上的集成电路生产企业或项目，第1年至第2年免征企业所得税，第3年至第5年按照25%的法定税率减半征收企业所得税。

对于按照集成电路生产企业享受税收优惠政策的，优惠期自获利年度起计算；对于按照集成电路生产项目享受税收优惠政策的，优惠期自项目取得第一笔生产经营收入所属纳税年度起计算，集成电路生产项目需单独进行会计核算、计算所得，并合理分摊期间费用。

（5）国家鼓励的线宽小于130纳米（含）的集成电路生产企业，属于国家鼓励的集成电路生产企业清单年度之前5个纳税年度发生的尚未弥补完的亏损，准予向以后年度结转，总结转年限最长不得超过10年。

（6）集成电路设计企业和软件企业的职工培训费用，单独进行核算并按实际发生额在计算应纳税所得额时扣除。

（7）集成电路生产企业的生产设备，其折旧年限可以适当缩短，最短可为3年（含）。

四、清洁能源与节能服务业

（1）销售自产的利用风力生产的电力，实行增值税即征即退50%的政策。

（2）资源综合利用企业生产的电力、热力及其他能源产品[①]，可

① 详见《财政部等四部门关于公布〈环境保护、节能节水项目企业所得税优惠目录（2021年版）〉以及〈资源综合利用企业所得税优惠目录（2021年版）〉的公告》（财政部 税务总局 发展改革委 生态环境部公告2021年第36号），《财政部 国家税务总局关于印发〈资源综合利用产品和劳务增值税优惠目录〉的通知》（财税〔2015〕78号）。

分别享受全部或部分增值税即征即退政策，并减按 90% 计入企业当年收入总额，计算缴纳企业所得税。

（3）符合条件的节能服务公司[①]实施合同能源管理项目。

①将项目中的增值税应税货物转让给用能企业和取得的应税服务收入，免征增值税。

②符合企业所得税法有关规定的，自项目取得第一笔生产经营收入所属纳税年度起，第 1 年至第 3 年免征企业所得税，第 4 年至第 6 年按照 25% 的法定税率减半征收企业所得税。

用能企业按照能源管理合同实际支付给节能服务公司的合理支出，可在计算当期应纳税所得额时扣除。

③能源管理合同期满后，节能服务公司与用能企业办理有关资产的权属转移时，用能企业已支付的资产价款，不计入节能服务公司的收入征收企业所得税。

节能服务公司转让给用能企业的因实施合同能源管理项目形成的资产，其计税基础按折旧或摊销期满的资产进行税务处理。

（4）同时符合下列条件的合同能源管理服务免征增值税：

①节能服务公司实施合同能源管理项目相关技术，应当符合国家质量监督检验检疫总局和国家标准化管理委员会发布的《合同能源管理技术通则》（GB/T 24915—2010）规定的技术要求。

②节能服务公司与用能企业签订节能效益分享型合同，其合同格式和内容，符合《中华人民共和国合同法》和《合同能源管理技术通则》（GB/T 24915—2010）等规定。

要点提示 <<<<<<

节能服务公司同时从事适用不同税收政策待遇项目的，其享受税

① 详见《财政部 国家税务总局关于促进节能服务产业发展增值税、营业税和企业所得税政策问题的通知》（财税〔2010〕110 号）。

收优惠项目应当单独计算收入、扣除，并合理分摊企业的期间费用；没有单独计算的，不能享受税收优惠政策。

节能服务公司与用能企业之间的业务往来，应当按照独立企业之间的业务往来收取或者支付价款、费用；不按照独立企业之间的业务往来收取或者支付价款、费用，而减少其应纳税所得额的，税务机关有权进行合理调整。

五、重大技术装备制造业

（1）对符合规定条件的企业为生产国家支持发展的重大技术装备或产品而确有必要进口的部分关键零部件及原材料，免征关税和进口环节增值税。

（2）承担国家科技重大专项项目（课题）的企业和大专院校、科研院所等事业单位[①]使用中央财政拨款、地方财政资金、单位自筹资金以及其他渠道获得的资金进口项目（课题）所需国内不能生产的关键设备（含软件工具及技术）、零部件、原材料，免征进口关税和进口环节增值税。

六、涉农相关产业

1. 下列项目免征增值税：

（1）农业生产者销售的自产农产品。

（2）农膜。

（3）批发和零售的种子、种苗、农药、农机。

（4）从事农产品批发、零售的纳税人销售的部分鲜活肉蛋产品。

---

① 详见《财政部 科技部 国家发展改革委 海关总署 国家税务总局关于科技重大专项进口税收政策的通知》（财关税〔2010〕28 号）。

（5）从事蔬菜批发、零售的纳税人销售的蔬菜。

（6）生产销售和进口的单一大宗饲料、混合饲料、配合饲料、复合预混料、浓缩饲料①、矿物质微量元素舔砖、精料补充料。

（7）符合产品执行标准的有机肥料、有机－无机复混肥料和生物有机肥。

（8）生产销售和批发、零售的滴灌带和滴灌管产品。

（9）自 2021 年 1 月 1 日起至 2023 年 12 月 31 日，边销茶生产企业销售自产的边销茶及经销企业销售的边销茶。

2. 农民专业合作社销售本社成员生产的农业产品、采取“公司＋农户”经营模式销售畜禽，视同农业生产者销售自产农业产品免征增值税；农民专业合作社向本社成员销售的农膜、种子、种苗、农药、农机，免征增值税；农民、家庭农场、农民专业合作社、农村集体经济组织、村民委员会购买农业生产资料或者销售农产品书立的买卖合同和农业保险合同，免征印花税。

3. 制种企业利用自有土地或承租土地，雇佣农户或雇工进行种子繁育，或提供亲本种子委托农户繁育并从农户手中收回，再经烘干、脱粒、风筛等深加工后销售的种子免征增值税。

4. 农业机耕、排灌、病虫害防治、植物保护、农牧保险以及相关技术培训业务，家禽、牲畜、水生动物的配种和疾病防治免征增值税。

5. 纳税人将土地使用权转让给农业生产者用于农业生产，免征增值税。

6. 农业产业化重点龙头企业进口符合国家高新技术目录和国家有关部门批准引进项目的农产品加工设备，除《国内投资项目不予免税的进口商品目录》（国发〔1997〕37 号）所列商品外，免征进口关税和进口环节增值税。

---

① 详见《财政部 国家税务总局关于饲料产品免征增值税问题的通知》（财税〔2001〕121 号）。

7. 从事下列农、林、牧、渔业项目的所得免征、减征企业所得税：

（1）蔬菜、谷物、薯类、油料、豆类、棉花、麻类、糖料、水果、坚果的种植；农作物新品种的选育；中药材的种植；林木的培育和种植；牲畜、家禽的饲养；林产品的采集；灌溉、农产品初加工、兽医、农技推广、农机作业和维修等农、林、牧、渔服务业项目；远洋捕捞所得免征企业所得税。

（2）花卉、茶以及其他饮料作物和香料作物的种植，海水养殖、内陆养殖所得减半征收企业所得税。

（3）以“公司＋农户”经营模式从事农、林、牧、渔业项目生产的企业，可以按照农、林、牧、渔业项目的所得免征、减征企业所得税。

（4）从事《享受企业所得税优惠政策的农产品初加工范围（试行）》（2008年版）① 的农产品初加工所得按照从事农、林、牧、渔业项目的所得免征、减征企业所得税。

8. 直接用于农、林、牧、渔业的生产用地免征城镇土地使用税。

9. 捕捞、养殖渔船免征车船税。

10. 农田水利设施占用耕地以及建设直接为农业生产服务的生产设施占用园地、林地、草地、农田水利用地、养殖水面、渔业水域滩涂以及其他农用地不征耕地占用税。

11. 纳税人承受荒山、荒地、荒滩土地使用权，用于农、林、牧、渔业生产的，免征契税。

12. 个人、个体工商户、个人独资企业和合伙企业从事种植业、养殖业、饲养业和捕捞业所得暂不征收个人所得税。

13. 农村饮水安全工程项目。

（1）自2019年1月1日至2023年12月31日，对饮水工程运营

① 详见《财政部 国家税务总局关于发布〈享受企业所得税优惠政策的农产品初加工范围（试行）〉的通知》（财税〔2008〕149号）。

管理单位为建设饮水工程而承受土地使用权，免征契税。

（2）自2019年1月1日至2023年12月31日，对饮水工程运营管理单位为建设饮水工程取得土地使用权而签订的产权转移书据，以及与施工单位签订的建设工程承包合同，免征印花税。

（3）自2019年1月1日至2023年12月31日，对饮水工程运营管理单位自用的生产、办公用房产、土地，免征房产税、城镇土地使用税。

（4）自2019年1月1日至2023年12月31日，对饮水工程运营管理单位向农村居民提供生活用水取得的自来水销售收入，免征增值税。

（5）对饮水工程运营管理单位从事《公共基础设施项目企业所得税优惠目录》规定的饮水工程新建项目投资经营的所得，自项目取得第一笔生产经营收入所属纳税年度起，第1年至第3年免征企业所得税，第4年至第6年减半征收企业所得税。

要点提示 <<<<<<

单位和个人销售外购的农业产品或者销售以外购农业产品为原料生产、加工（包括委托加工）后仍然属于《农业产品征税范围注释》所列的农业产品，不属于免征增值税的范围。

凡属于《产业结构调整指导目录》中国家限制和淘汰类的农、林、牧、渔项目所得不能享受企业所得税优惠。

"公司+农户"经营模式从事畜禽饲养，即公司与农户签订委托养殖合同，向农户提供畜禽苗、饲料、兽药及疫苗等（所有权属于公司），农户饲养畜禽苗至成品后交付公司回收，公司将回收的成品畜禽用于销售。

饮水工程运营管理单位既向城镇居民供水，又向农村居民供水，依据向农村居民供水收入占总供水收入的比例免征增值税；依据向农村居民供水量占总供水量的比例免征契税、印花税、房产税和城镇土地使用税。无法提供具体比例或所提供数据不实的，不得享受上述税收优惠政策。

七、交通运输业

1. 一般纳税人提供管道运输服务，其增值税实际税负超过3%的部分实行增值税即征即退。

2. 城市公交企业购置的公共汽电车辆免征车辆购置税。

八、科普教育业

（一）教育服务税收优惠

1. 从事学历教育的学校提供的教育服务、学生勤工俭学提供的服务免征增值税。

2. 按照国家规定的收费标准向学生收取的高校学生公寓住宿费收入，对高校学生食堂为高校师生提供餐饮服务取得的收入，免征增值税；高校学生公寓免征房产税；与高校学生签订的高校学生公寓租赁合同，免征印花税；学校经批准征用的耕地，免征耕地占用税。

3. 托儿所、幼儿园提供保育和教育服务取得的收入，免征增值税；幼儿园经批准征用的耕地，免征耕地占用税。

4. 企业办的各类学校、托儿所、幼儿园自用的房产、土地，免征房产税、城镇土地使用税。

5. 财产所有人将财产赠给学校所立的产权转移书据，免征印花税。

（二）科普基地税收优惠

自2021年1月1日至2025年12月31日，对公众开放的科技馆、自然博物馆、天文馆（站、台）、气象台（站）、地震台（站），以及高校和科研机构所属对外开放的科普基地，进口以下商品免征进口关税和进口环节增值税：

1. 为从境外购买自用科普影视作品播映权而进口的拷贝、工作带、硬盘，以及以其他形式进口自用的承载科普影视作品的拷贝、工作带、硬盘。

2. 国内不能生产或性能不能满足需求的自用科普仪器设备、科普展品、科普专用软件等科普用品。

九、宣传文化产业

1. 2023 年 12 月 31 日前（含），图书、报纸、杂志、音像制品、电子出版物免征图书批发、零售环节增值税。

2. 2023 年 12 月 31 日前（含），对电影主管部门（包括中央、省、地市及县级）按照各自职能权限批准从事电影制片、发行、放映的电影集团公司（含成员企业）、电影制片厂及其他电影企业取得的销售电影拷贝（含数字拷贝）收入、转让电影版权（包括转让和许可使用）收入、电影发行收入以及在农村取得的电影放映收入，免征增值税。一般纳税人提供的城市电影放映服务，可以按现行政策规定，选择按照简易计税办法计算缴纳增值税。

2023 年 12 月 31 日前（含），对广播电视运营服务企业收取的有线数字电视基本收视维护费和农村有线电视基本收视费，免征增值税。

3. 纪念馆、博物馆、文化馆、文物保护单位管理机构、美术馆、展览馆、书画院、图书馆在自己的场所提供文化体育服务取得的第一道门票收入，免征增值税。

4. 文化企业出口货物或对外提供跨境应税服务，可分别享受增值税退、免税收优惠；被认定高新技术企业与技术先进型企业的，还可享受相关企业所得税优惠。

5. 企业拥有并运营管理的大型体育场馆，其用于体育活动的房产、土地，减半征收房产税和城镇土地使用税。

十、医疗卫生和生活服务业

（一）医疗卫生

1. 医疗机构提供的医疗服务免征增值税；自产自用的制剂，免征增值税。

2. 营利性医疗机构取得的收入，直接用于改善医疗卫生条件的，自其取得执业登记之日起 3 年内，自用的房产、土地，免征房产税、城镇土地使用税。

3. 医疗机构占用耕地免征耕地占用税。

（二）生活服务业

1. 婚姻介绍服务、殡葬服务、养老机构提供的养老服务、残疾人福利机构提供的育养服务，免征增值税。

2. 社会福利机构占用耕地，免征耕地占用税。

3. 家政服务企业由员工制家政服务员提供家政服务取得的收入免征增值税。

4. 对改造安置住房建设用地免征城镇土地使用税。对改造安置住房经营管理单位、开发商与改造安置住房相关的印花税以及购买安置住房的个人涉及的印花税予以免征。

在商品住房等开发项目中配套建造安置住房的，依据政府部门出具的相关材料、房屋征收（拆迁）补偿协议或棚户区改造合同（协议），按改造安置住房建筑面积占总建筑面积的比例免征城镇土地使用税、印花税。

5. 企事业单位、社会团体以及其他组织转让旧房作为改造安置住房房源且增值额未超过扣除项目金额 20% 的，免征土地增值税。

6. 对经营管理单位回购已分配的改造安置住房继续作为改造安置

房源的，免征契税。

医疗机构，是指依据国务院《医疗机构管理条例》（国务院令第149号）及卫生部《医疗机构管理条例实施细则》（卫生部令第35号）的规定，经登记取得《医疗机构执业许可证》的机构，以及军队、武警部队各级各类医疗机构。

十一、金融业

1. 自2018年1月1日至2023年12月31日，纳税人为农户、小型企业、微型企业及个体工商户借款、发行债券提供融资担保取得的担保费收入，以及为上述融资担保提供再担保取得的再担保费收入，免征增值税。再担保合同对应多个原担保合同的，原担保合同应全部适用免征增值税政策。否则，再担保合同应按规定缴纳增值税。

纳税人应将相关免税证明材料留存备查，单独核算符合免税条件的融资担保费和再担保费收入，按现行规定向主管税务机关办理纳税申报；未单独核算的，不得免征增值税。

2. 经人民银行、银监会或者商务部批准从事融资租赁业务的试点纳税人中的一般纳税人，提供有形动产融资租赁服务和有形动产融资性售后回租服务，对其增值税实际税负超过3%的部分实行增值税即征即退政策。

对融资租赁出口货物试行退税政策。对融资租赁企业、金融租赁公司及其设立的项目子公司（以下统称融资租赁出租方），以融资租赁方式租赁给境外承租人且租赁期限在5年（含）以上，并向海关报关后实际离境的货物，试行增值税、消费税出口退税政策。

3. 个人从事金融商品转让业务收入免征增值税。

4. 居民企业直接投资于其他居民企业取得的股息、红利等权益性投资收益（不包括连续持有居民企业公开发行并上市流通的股票不足12个月取得的投资收益）为企业所得税免税收入。

5. 对证券投资基金从证券市场中取得的收入，包括买卖股票、债券的差价收入，股权的股息、红利收入，债券的利息收入及其他收入，暂不征收企业所得税。

对投资者从证券投资基金分配中取得的收入，暂不征收企业所得税。

对证券投资基金管理人运用基金买卖股票、债券的差价收入，暂不征收企业所得税。

6. 投资者（包括个人和机构）买卖封闭式证券投资基金免征印花税。

7. 内地单位和个人投资者通过沪港通、深港通买卖香港联交所上市股票取得的差价收入，免征增值税。

内地居民企业连续持有 H 股满 12 个月取得的股息红利所得，依法免征企业所得税。

对内地个人投资者通过沪港通、深港通投资香港联交所上市股票取得的转让差价所得和通过基金互认买卖香港基金份额取得的转让差价所得，自 2019 年 12 月 5 日起至 2023 年 12 月 31 日止，继续暂免征收个人所得税。

第 6 课　项目扶持

产业政策最终都会体现在具体项目中，项目优惠政策是产业优惠政策的延伸。税收优惠政策有的是针对整个企业，有的是针对具体项目。企业在创业过程中，既可以在面上享受产业、行业优惠政策，具体项目比如公共基础设施项目、绿色环保项目等，单独核算后还可以相对独立享受相关优惠政策。

一、公共基础设施

从事公共基础设施项目的投资经营所得，符合《公共基础设施项目企业所得税优惠目录》规定范围、条件和标准的，自项目取得第一笔生产经营收入所属纳税年度起，第 1 年至第 3 年免征企业所得税，第 4 年至第 6 年减半征收企业所得税。

二、环境保护、节能节水项目

从事公共污水处理、公共垃圾处理、沼气综合开发利用、节能减排技术改造、海水淡化等环境保护、节能节水项目的投资经营所得，符合《环境保护、节能节水项目企业所得税优惠目录（2021 年版）》[①]规定范围和条件的，自项目取得第一笔生产经营收入所属纳税年度起，第 1 年至第 3 年免征企业所得税，第 4 年至第 6 年减半征收企业所得税。

三、专用设备投资

企业购置并实际使用《环境保护专用设备企业所得税优惠目录》《节能节水专用设备企业所得税优惠目录》和《安全生产专用设备企业所得税优惠目录》规定的环境保护、节能节水、安全生产等专用设备的，该专用设备的投资额的 10% 可以从企业当年的应纳税额中抵免；当年不足抵免的，可以在以后 5 个纳税年度结转抵免。

---

① 详见《财政部等四部门关于公布〈环境保护、节能节水项目企业所得税优惠目录（2021 年版）〉以及〈资源综合利用企业所得税优惠目录（2021 年版）〉的公告》（财政部 税务总局 发展改革委 生态环境部公告 2021 年第 36 号）。

四、中国清洁发展机制基金及项目[①]

1. CDM 项目[②]温室气体减排量转让收入上缴国家的部分，国际金融组织赠款收入，基金资金的存款利息收入，购买国债的利息收入，国内外机构、组织和个人的捐赠收入免征企业所得税。

2. CDM 项目实施企业按照《清洁发展机制项目运行管理办法》的规定，将温室气体减排量的转让收入，按照规定比例上缴给国家的部分，准予在计算应纳税所得额时扣除。

3. 对企业实施的将温室气体减排量转让收入的 65% 上缴给国家的 HFC 和 PFC 类 CDM 项目，以及将温室气体减排量转让收入的 30% 上缴给国家的 N_2O 类 CDM 项目，其实施该类 CDM 项目的所得，自项目取得第一笔减排量转让收入所属纳税年度起，第 1 年至第 3 年免征企业所得税，第 4 年至第 6 年减半征收企业所得税。

五、科学研究与技术开发

1. 直接用于科学研究、科学试验和教学的进口仪器、设备[③]免征增值税。

2. 纳税人提供技术转让、技术开发和与之相关的技术咨询、技术服务取得的收入，免征增值税；向境外单位提供的完全在境外消费的研发服务和设计服务，适用增值税零税率。

3. 居民企业的年度技术转让所得不超过 500 万元的部分，免征企

---

① 详见《财政部 国家税务总局关于中国清洁发展机制基金及清洁发展机制项目实施企业有关企业所得税政策问题的通知》（财税〔2009〕30 号）。

② CDM（Clean Development Mechanism 的缩写）是《联合国气候变化框架公约》第三次缔约方大会通过的缔约方在境外实现部分减排承诺的一种履约机制。

③ 详见《财政部 海关总署 国家税务总局关于公布进口科学研究、科技开发和教学用品免税清单的通知》（财关税〔2016〕72 号）。

业所得税；超过 500 万元的部分，减半征收企业所得税。

4. 企业开展研发活动中实际发生的研发费用，未形成无形资产计入当期损益的，在按规定据实扣除的基础上，自 2023 年 1 月 1 日起，再按照实际发生额的 100% 在税前加计扣除；形成无形资产的，自 2023 年 1 月 1 日起按照无形资产成本的 200% 在税前摊销。

5. 科研机构、高等学校转化职务科技成果以股份或出资比例等股权形式给予个人奖励，获奖人在取得股份、出资比例时，暂不缴纳个人所得税；取得按股份、出资比例分红或转让股权、出资比例所得时，应依法缴纳个人所得税。

2023 年，继续对内资研发机构和外资研发中心①采购国产设备全额退还增值税。

高新技术企业转化科技成果，给予本企业相关技术人员的股权奖励，个人一次缴纳税款有困难的，可根据实际情况自行制定分期缴税计划，在不超过 5 个公历年度内（含）分期缴纳，并将有关资料报主管税务机关备案。

六、股权投资与企业重组

1. 创业投资企业采取股权投资方式投资于未上市的中小高新技术企业 2 年（24 个月）以上，符合条件的，可以按照其对中小高新技术企业投资额的 70%，在股权持有满 2 年的当年抵扣该创业投资企业的应纳税所得额；当年不足抵扣的，可以在以后纳税年度结转抵扣。

有限合伙制创业投资企业采取股权投资方式投资于未上市的中小高新技术企业满 2 年（24 个月）的，其法人合伙人可按照对未上市中小高新技术企业投资额的 70% 抵扣该法人合伙人从该有限合伙制创业

① 详见《财政部 商务部 税务总局关于继续执行研发机构采购设备增值税政策的公告》（财政部 商务部 税务总局公告 2019 年第 91 号）。

投资企业分得的应纳税所得额，当年不足抵扣的，可以在以后纳税年度结转抵扣。

2. 居民企业直接投资于其他居民企业取得的权益性投资收益，免征企业所得税；个人取得股息红利及股权转让所得，按 20% 的税率计算缴纳个人所得税。

3. 企业重组业务交易（包括股权、资产划转）中以股权支付的部分，符合特殊性税务处理条件的，可选择特殊性税务处理，暂不确认有关交易所得或损失，不缴企业所得税。

企业重组业务交易中以非股权支付的，应在交易当期确认相应的交易所得或损失，计算缴纳企业所得税。

企业债务重组确认的应纳税所得额占该企业当年应纳税所得额 50% 以上，可以在 5 个纳税年度的期间内，均匀计入各年度的应纳税所得额。

4. 企业以非货币性资产对外投资，符合特殊性税务处理条件的，可选择特殊性税务处理，暂不确认有关交易所得或损失；也可选择在取得被投资企业股权时确认非货币性资产转让所得，在不超过 5 年期限内，分期均匀计入相应年度的应纳税所得额，按规定计算缴纳企业所得税。

5. 企业接收股东划入资产，凡合同、协议约定作为资本金（包括资本公积）且在会计上已做实际处理的，不计入企业的收入。

6. 企业接收县级以上人民政府无偿划入国有资产，凡指定专门用途并按《财政部 国家税务总局关于专项用途财政性资金企业所得税处理问题的通知》（财税〔2011〕70 号）规定进行管理的，可作为不征税收入。

7. 单位、个人在改制重组时以房地产作价入股进行投资，对其将房地产转移、变更到被投资的企业，除房地产开发企业外，暂不征土地增值税。

七、资源综合利用

1. 对纳税人销售自产的列入《享受增值税即征即退政策的新型墙体材料目录》的新型墙体材料，实行增值税即征即退 50% 的政策。

2. 自 2022 年 3 月 1 日起，符合条件的增值税一般纳税人销售自产的资源综合利用产品[①]和提供资源综合利用劳务，可享受增值税即征即退政策。

3. 利用废弃的动植物油生产纯生物柴油免征消费税。

4. 企业以《资源综合利用企业所得税优惠目录（2021 年版）》[②]规定的资源作为主要原材料，生产国家非限制和非禁止并符合国家及行业相关标准的产品取得的收入，减按 90% 计入企业当年收入总额，计算缴纳企业所得税。

延伸学习 <<<<<<

资源综合利用企业享受增值税即征即退政策，应按规定向主管税务机关申报备案。

企业同时从事其他项目而取得的非资源综合利用收入，应与资源综合利用收入分开核算，没有分开核算的，不能享受优惠政策。

八、加速折旧与摊销

1. 下列企业新购进的固定资产，以不低于《中华人民共和国企业

---

① 详见《财政部 税务总局关于完善资源综合利用增值税政策的公告》（财政部 税务总局公告 2021 年第 40 号）。

② 详见《财政部等四部门关于公布〈环境保护、节能节水项目企业所得税优惠目录（2021 年版）〉以及〈资源综合利用企业所得税优惠目录（2021 年版）〉的公告》（财政部 税务总局 发展改革委 生态环境部公告 2021 年第 36 号）。

所得税法实施条例》规定的折旧年限的60%为最低折旧年限，可采用缩短折旧年限法、双倍余额递减法或年数总和法，实行加速折旧。

（1）由于技术进步，产品更新换代较快的；

（2）常年处于强震动、高腐蚀状态的；

（3）轻工、纺织、机械、汽车等四个领域重点行业①；

（4）生物药品制造业，专用设备制造业，铁路、船舶、航空航天和其他运输设备制造业，计算机、通信和其他电子设备制造业，仪器仪表制造业，信息传输、软件和信息技术服务业。

上述行业的小型微利企业专门用于研发和生产经营共用的仪器、设备，单位价值不超过100万元的，允许一次性计入当期成本费用。

2. 集成电路生产企业的生产设备，其折旧年限可以适当缩短，最短可为3年。

3. 企业外购的软件，凡符合固定资产或无形资产确认条件的，可以按照固定资产或无形资产进行核算，其折旧或摊销年限可以适当缩短，最短可为2年。

4. 下列固定资产，允许一次性计入当期成本费用在计算应纳税所得额时扣除。

（1）单位价值不超过5000元的。

（2）专门用于研发，且单位价值不超过100万元的仪器、设备。

（3）企业在2018年1月1日至2023年12月31日期间新购进的设备、器具，单位价值不超过500万元的，允许一次性计入当期成本费用在计算应纳税所得额时扣除，不再分年度计算折旧。

九、出口贸易及"走出去"企业

1. 出口企业（包括生产货物出口企业、外贸企业、外贸综合服务

① 详见《财政部 国家税务总局关于进一步完善固定资产加速折旧企业所得税政策的通知》（财税〔2015〕106号）。

企业、电子商务出口企业、融资租赁企业、金融租赁公司及其设立的项目子公司）和个人出口货物、加工修理修配劳务[1]（以下简称出口货物劳务），除国家规定不允许经营和限制出口的外，享受增值税退（免）税政策。

生产企业出口自产货物和视同自产货物及对外提供加工修理修配劳务，以及列名生产企业出口非自产货物，免征增值税，相应的进项税额抵减应纳增值税额（不包括适用增值税即征即退、先征后退政策的应纳增值税额），未抵减完的部分予以退还。

不具有生产能力的出口企业（以下称外贸企业）或其他单位出口货物劳务，免征增值税，相应的进项税额予以退还。

符合增值税退（免）税、免税和征税规定的出口货物劳务，如属于消费税应税消费品，一并退、免、征收消费税。

2. 对外提供适用零税率的跨境应税服务[2]，享受增值税退（免）税政策。

3. “走出去”企业税收优惠。

（1）对外承包工程出口货物、销售给外轮、远洋国轮货物、境外实物投资出口货物、对外援助出口货物、中标机电产品、销售给特殊区域货物、进入列名出口监管仓库的国内货物、免税品经营企业运入海关监管仓库货物、上海虹桥、浦东机场海关隔离区内免税店销售货物、融资租赁货物、销售横琴、平潭企业的货物、境外带料加工装配业务的出口货物等，除国家明确规定不予退（免）税的外，实行增值税、消费税出口退税优惠政策。

（2）以境内、境外全部生产经营活动有关的研究开发费用总额、总收入、销售收入总额、高新技术产品（服务）收入等指标申请并经认定的高新技术企业，其来源于境外的所得可以享受高新技术企业所

① 详见《财政部 国家税务总局关于出口货物劳务增值税和消费税政策的通知》（财税〔2012〕39 号）。

② 详见《跨境应税行为适用增值税零税率和免税政策的规定》（财税〔2016〕36 号）。

得税优惠政策，即对其来源于境外所得可以按照15%的优惠税率缴纳企业所得税，在计算境外抵免限额时，可按照15%的优惠税率计算境内外应纳税总额。

（3）企业取得的所得已在境外缴纳的所得税税额和从其直接或者间接控制的外国企业分得的来源于中国境外的股息、红利等权益性投资收益，外国企业在境外实际缴纳的所得税税额中属于该项所得负担的部分，可从其当期应纳税额中抵免，抵免限额为该项所得依照规定计算的应纳税额；超过抵免限额的部分，可以在以后五个年度内，用每年度抵免限额抵免当年应抵税额后的余额进行抵补。

（4）企业投资于与我国签订税收协定的国家和地区，可在外国享受税收协定规定的减免税、避免双重征税、非歧视待遇、解决跨国涉税纠纷等待遇和服务。

“走出去”企业应了解投资所在国税收基本制度，服从所在国税务机关各项税务管理，了解我国与该国（地区）是否签署有税收协定、协议或安排，按照对方国家要求的程序办理涉税事宜。如在境外遇到不公正税收待遇或其他涉税困难，可向税务机关申请税务协助，以维护自己的合法权益。

第7课 区域发展

区域税收优惠是国家法律规定特定地区在税收上享有的优惠待遇，有利于投资者充分利用不同地区的税制差别和税收区域倾斜，选择投资地点，减少投资成本，获取较大的投资收益。随着社会经济的发展和税制改革的需要，我国区域税收政策也进行了重大调整，现行主要的区域税收优惠有针对西部大开发地区、经济特区和民族自治地区企业等的企业所得税优惠。

一、西部大开发地区

（一）西部大开发地区范围

西部地区包括内蒙古自治区、广西壮族自治区、重庆市、四川省、贵州省、云南省、西藏自治区、陕西省、甘肃省、青海省、宁夏回族自治区、新疆维吾尔自治区和新疆生产建设兵团。

湖南省湘西土家族苗族自治州、湖北省恩施土家族苗族自治州、吉林省延边朝鲜族自治州和江西省赣州市，可以比照西部地区的企业所得税政策执行。

（二）西部大开发税收优惠

1. 自 2021 年 1 月 1 日至 2030 年 12 月 31 日，对设在西部地区的鼓励类产业企业减按 15% 的税率征收企业所得税。本条所称鼓励类产业企业是指以《西部地区鼓励类产业目录》① 中规定的产业项目为主营业务，且其主营业务收入占企业收入总额 60% 以上的企业。

2. 企业既符合西部大开发 15% 优惠税率条件，又符合《中华人民共和国企业所得税法》及其实施条例和国务院规定的各项税收优惠条件的，可以同时享受。在涉及定期减免税的减半期内，可以按照企业适用税率计算的应纳税额减半征税。

3. 对西部地区内资鼓励类产业、外商投资鼓励类产业及优势产业的项目在投资总额内进口的自用设备，在政策规定范围内免征关税。

---

① 详见《西部地区鼓励类产业目录（2020 年本）》（国家发展和改革委员会令第 40 号），政策执行期内如有修订，自修订版实施之日起按新版本执行。

4. 在西部大开发税收优惠地区内外分别设有总分支机构的企业，仅就设在优惠地区的总机构或二级分支机构（不含优惠地区外设立的二级分支机构在优惠地区内设立的三级以下分支机构）的所得享受15% 企业所得税优惠税率。

延伸学习 <<<<<<

企业享受优惠事项采取“自行判别、申报享受、相关资料留存备查”的办理方式。

二、经济特区

1. 经济特区和上海浦东新区内，在 2008 年 1 月 1 日（含）之后完成登记注册的国家需要重点扶持的高新技术企业，在经济特区和上海浦东新区内取得的所得，自取得第一笔生产经营收入所属纳税年度起，第 1 年至第 2 年免征企业所得税，第 3 年至第 5 年按照 25% 的法定税率减半征收企业所得税。

2. 2025 年 12 月 31 日前，对设在平潭综合实验区、前海深港现代服务业合作区的符合条件的企业减按 15% 的税率征收企业所得税。

3. 自 2021 年 1 月 1 日起，对设在横琴粤澳深度合作区符合条件的产业企业，减按 15% 的税率征收企业所得税。对在横琴粤澳深度合作区设立的旅游业、现代服务业、高新技术产业企业，其 2025 年前新增境外直接投资取得的所得，免征企业所得税。

4. 2020 年 1 月 1 日至 2024 年 12 月 31 日，对注册在海南自由贸易港并实质性运营的鼓励类产业企业，减按 15% 的税率征收企业所得税。对在海南自由贸易港设立的旅游业、现代服务业、高新技术产业企业，其 2025 年前新增境外直接投资取得的所得，免征企业所得税。

三、民族自治地区

（一）民族自治政府减征免征权

民族自治地方的自治机关对本民族自治地方的企业应缴纳的企业所得税中属于地方分享的部分，经省级人民政府批准可决定减征或者免征。

（二）新疆困难地区以及喀什、霍尔果斯特殊经济开发区税收优惠

2021 年 1 月 1 日至 2030 年 12 月 31 日，对设在新疆困难地区内以《新疆困难地区重点鼓励发展产业企业所得税优惠目录》[①]（以下简称《目录》）规定的产业项目为主营业务，其主营业务收入占企业收入总额 60% 以上的新办企业，自取得第一笔生产经营收入所属纳税年度起，第 1 年至第 2 年免征企业所得税，第 3 年至第 5 年减半征收企业所得税。在减半期内，按照企业所得税 25% 的法定税率计算的应纳税额减半征税。

2021 年 1 月 1 日至 2030 年 12 月 31 日，对设在新疆喀什、霍尔果斯两个特殊经济开发区内以《目录》中规定的产业项目为主营业务，其主营业务收入占企业收入总额 60% 以上的新办企业，自取得第一笔生产经营收入所属纳税年度起，五年内免征企业所得税。

延伸学习 <<<<<<

新疆困难地区包括南疆三地州、其他脱贫县（原国家扶贫开发重点县）和边境县市。

---

① 详见《财政部 税务总局 发展改革委 工业和信息化部关于印发〈新疆困难地区重点鼓励发展产业企业所得税优惠目录〉的通知》（财税〔2021〕42 号）。

第三篇

涉税业务办理渠道

在创业过程中，会涉及各种不同内容的税务事项需要办理，也可能会遇到一些税务问题需要咨询。向谁咨询，到哪儿办理，有没有更加便捷的渠道？本篇对税务部门提供纳税服务的渠道进行简要介绍，为你在办理涉税事宜时提供选择。

第 8 课　电话服务

为了方便纳税人咨询，全国市级税务机关都设立了统一的纳税缴费服务热线号码 12366。纳税人也可以拨打当地政府服务热线号码 12345 转纳税缴费服务热线。

一、12366 热线服务范围

12366 纳税缴费服务热线提供的主要服务包括：纳税缴费咨询、办税缴费指南、涉税缴费信息查询、受理服务质量投诉和涉税举报等。

二、12366 热线服务方式和时间

人工服务时间一般为 7 ×24 小时。

自动语音服务时间是 7 ×24 小时，纳税人缴费人可以通过语音提示，获得相关咨询信息。

任何人拨打 12366 纳税缴费服务热线，税务机关都不收取声讯费，只须按普通市话付费，具体资费标准以中国电信、中国移动、中国联通三大运营商的规定为准。

第 9 课　网络服务

网络是现代政府政务信息公开的最好渠道和方式。下面简要介绍几种最常见的网络服务。

一、税务机关门户网站

国家税务总局、省级税务机关都设有门户网站，市、县级税务机关一般都有网页。只要登录国家税务总局的门户网站，就可以链接到各省、自治区、直辖市税务机关的门户网站，或基层税务机关的网页。税务机关门户网站栏目多、信息量大、信息更新比较及时，能方便迅捷地了解到税收相关政策与资讯，办理有关涉税事宜。

二、电子税务局

电子税务局一般可以通过省级税务机关的门户网站进行登录或直接登录。纳税人缴费人过去需要上门到税务机关办理的大部分涉税事项，都可以通过电子税务局远程办理，基本实现“足不出户，轻松办税”。各省、自治区、直辖市税务电子税务局的内容和形式会有一些不同，在使用电子税务局时，要注意相关操作提示。

三、多媒体纳税服务

很多税务机关通过微信、QQ、微博、抖音等渠道与纳税人互动，为纳税人提供纳税辅导、政策宣传及纳税提醒等服务。

对于个性化服务需求，税务机关多采用电子邮件和短信的形式与纳税人进行互动，向纳税人推送税收政策，通知相关税务事项办理结果；纳税人也可通过电子邮件形式向税务机关咨询涉税事项。

第 10 课 办税服务场所

办税服务厅（室、柜台）是税务机关为纳税人集中办理涉税事项，提供纳税服务的机构和场所，主要负责纳税缴费咨询和辅导，公开涉税缴费事项，宣传税费政策，办理各种信息报告、税务登记、税（费）种认定，税费申报和缴纳，发票发售、代开、验旧和缴销，证明开具，实施税务违法的简易处罚，受理税务行政许可的申请、审批，办理涉税备案事项等。也就是说，办税服务厅（室、柜台）能办理绝大多数涉税业务事项。

在我国，基本上每一个行政区（县）都有一个办税服务厅可以为纳税人缴费人提供面对面的服务，有的地方在一个区（县）内还有税务派出机构（税务分局或税务所）设有办税服务厅（室、柜台），方便纳税人缴费人就近办理相关税费事宜，这是我国目前面对面办理涉税事项的主要渠道。很多基层税务机关的办税服务场所都实行首问责任制，提供"一站式"服务、"一件事一次办"、预约服务、延时服务、限时服务、绿色通道服务。

纳税人缴费人可以通过 12366 纳税缴费服务热线、税务机关门户网站了解当地办税服务厅（室、柜台）的具体地址和联系方式。纳税人缴费人到任何一个办税服务厅都会得到热情接待和解答。

税务机关根据纳税人缴费人的需求，按照各类税收业务分类，分别印制了多种宣传资料，纳税人缴费人可以到各办税服务场所自行取阅。

目前，绝大多数地方已对大部分常规涉税业务实行“同城通办、省内通办”模式，纳税人缴费人可以就近到同一个城市的任意办税服务厅（室、柜台）办理常规涉税事项。

要点提示 <<<<<<<

纳税人课堂是税务机关为提高纳税人的税法知识水平和办税能力，免费为纳税人举办，由纳税人缴费人自愿参加学习的组织。纳税人课堂分为实体和网校两种形式。

纳税人课堂每次办班，税务机关会提前在门户网站上公布培训内容、时间、地点等情况，方便纳税人缴费人安排时间参加学习。此外，纳税人缴费人也可主动向当地税务机关提出培训需求，税务机关会通过纳税人课堂有计划的安排课程满足纳税人缴费人的需求或派专人上门辅导。

第 11 课　社会服务

纳税服务社会化是现代纳税服务的发展趋势，特别是社会中介服务机构的健康发展，为纳税服务社会化创造了条件。社会中介服务机构一般是有偿服务，纳税人缴费人可以根据需求进行选择。

一、税务师事务所

税务师事务所可以提供代办信息报表、税务登记、纳税申报、缴税和退税、减免税申报、建账记账，增值税一般纳税人登记，利用主机共享服务系统为增值税一般纳税人代开增值税专用发票，代为制作涉税文书，以及开展税务咨询（顾问）、税收筹划、培训等涉税服务业务。

二、会计师事务所

会计师事务所可以提供税务审计、代理建账、相关税收法规信息咨询、涉税法规学习、法规运用技能的培训等服务。

三、律师事务所

律师事务所可以提供税务分析及税务咨询服务，在合规前提下进行有效的税务规划，并且就相关税务问题出具法律专业意见，还可以提供税法顾问和税务争议解决等涉税法律服务。

四、报税软件服务商

现在社会上有专门为纳税人提供专业服务的公司，这些公司主要是为纳税人提供会计核算、报税等方面的软件及服务，以提高办税效率和报税数据准确性。这些公司一般都是收费的，但收费标准和产品质量标准都接受政府相关部门的监管。

如果服务商的产品和服务存在问题，纳税人缴费人可以及时向税务机关进行投诉，税务机关有监管的职责。

五、财务咨询（服务）机构

创业者在创业初期，经营规模小，为了节省成本也可以聘请财务咨询（服务）机构为您处理会计核算和报税工作。这样可以防范税收风险，提高办事效率。

第 12 课　权益维护渠道

一、投诉、举报渠道

税务机关和税务人员在税收征管过程中如侵犯您的合法权益或税务人员有违纪违法行为，纳税人缴费人可以通过信函、网络、电话、当面等形式向税务机关提起投诉、举报。纳税人缴费人还可以对涉嫌逃税、骗税、虚开增值税发票、伪造发票、非法提供和非法取得发票，以及其他税收违法行为，通过信函、网络、电话、当面等形式向税务机关实名举报和匿名举报。对实名举报且举报属实的，税务机关将按政策规定给予一定的奖励。

税务机关在办税服务场所设置了投诉、举报信箱，并在办税服务场所和门户网站上公布了投诉、举报电话（传真）号码、电子信箱、通信地址及邮政编码，有的基层税务机关还设立了检举接待室，并以适当方式公布与检举工作有关的法律、行政法规、规章及检举事项处理程序。

二、税务听证

税务听证是指税务机关作出涉及公民、法人或者其他组织利益的重大事项或者重大决定之前，按照相关法定程序，充分听取公民、法人或者其他组织的意见的活动。税务听证包括税务行政处罚听证和税务行政许可听证。

例如，税务机关在对公民作出2000元（含）以上罚款或者对法人或其他组织作出10000元（含）以上罚款的行政处罚之前，应当向当事人送达《税务行政处罚事项告知书》，纳税人在收到税务机关发出的行政处罚告知书后，5日之内决定是否要求听证，并以一定的形式向税务机关提出听证要求，税务机关按照法定程序组织听证活动，这就是税务行政处罚听证。

三、税务行政复议

纳税人缴费人及其他当事人认为税务机关的具体行政行为侵犯其合法权益，可依法向税务行政复议机关申请行政复议；税务行政复议机关受理行政复议申请，作出行政复议决定。税务行政复议的目的是防止和纠正税务机关违法或者不当的具体行政行为，保护纳税人及其他当事人的合法权益，保障和监督税务机关依法行使职权。如果您的涉税事宜需要税务行政复议，请参阅《中华人民共和国行政复议法》《中华人民共和国税收征收管理法》《税务行政复议规则》等相关法律法规，有利于您依法维护权利，履行义务，提高办事效率。

四、税务行政诉讼

税务行政诉讼是指公民、法人和其他组织认为税务机关及其工作人员的具体税务行政行为违法或者不当，侵犯了其合法权益，依法向人民法院提起行政诉讼，由人民法院对具体税务行政行为的合法性进行审查并作出裁决的司法活动。其目的是保证人民法院正确、及时审理税务行政案件，保护纳税人缴费人、扣缴义务人等当事人的合法权益，维护和监督税务机关依法行使行政职权。

当纳税人缴费人与税务机关发生争议时，或涉税争议通过行政途径无法解决时，可选择行政诉讼方式依法解决。当纳税人缴费人需要进行行政诉讼时，请参阅《中华人民共和国行政诉讼法》等相关法律法规，或聘请律师代理诉讼，有利于纳税人缴费人依法维护权利。

要点提示 <<<<<<

《中华人民共和国税收征收管理法》第八十八条：

纳税人、扣缴义务人、纳税担保人同税务机关在纳税上发生争议时，必须先依照税务机关的纳税决定缴纳或者解缴税款及滞纳金或者提供相应的担保，然后可以依法申请行政复议；对行政复议决定不服的，可以依法向人民法院起诉。

当事人对税务机关的处罚决定、强制执行措施或者税收保全措施不服的，可以依法申请行政复议，也可以依法向人民法院起诉。

五、税务行政赔偿

税务行政赔偿是指税务机关和税务机关工作人员违法行使税收征管职权，对公民、法人和其他组织的合法权益造成损害的，由国家承担赔偿责任，并由税务机关具体履行义务的一项法律制度。

第四篇

办税常识及税务风险提示

如何办理涉税缴费事宜，如何选择更便捷的方式办理，如何规避风险，是每一位创业者都需要关注的。本篇将系统介绍新办企业和个体工商户信息报告、信息变动情况报告、跨区经营情况报告、出口退（免）税备案、税务注销等五个方面的办税常识，并提示需要关注的税务风险。

第 13 课　信息报告及风险提示

近年来，在党中央、国务院的部署下，市场监管、税务、人社、统计等部门深入推进“多证合一、一照一码”改革，小微企业和个体工商户领取了营业执照或经有关部门批准，就等于办理了税务登记，不再领取税务登记证。营业执照上的 18 位统一社会信用代码，是小微企业和个体工商户的“身份证号”，对于税务机关而言就是“纳税人识别号”。

当纳税人首次办理发票或申报缴税等涉税事宜时，需要将新办纳税人法定义务事项向税务机关报告。为压缩新办纳税人开办时间，税务机关为新办纳税人提供“套餐式”服务、一次性办结多个涉税事项。

新办纳税人需要向税务机关报告的法定义务事项主要包括：登记信息确认、纳税人（扣缴义务人）身份信息报告、实名信息采集、存款账户账号报告、财务会计制度及核算软件备案报告、银税三方（委托）划缴协议、增值税一般纳税人登记。

一、新办企业和个体工商户信息报告

（一）登记信息确认

纳税人取得市场监督管理部门颁发的营业执照后，首次到税务机关（办税服务场所）办理涉税事项时，对《“多证合一”登记信息确认表》中不完整的信息进行补充，对不准确的信息进行更正，对需要更新的信息进行补正。对市场监管部门已采集的信息，纳税人不再重复报送。在完成税务相关信息采集后，纳税人凭营业执照可代替税务登记证使用。

信息确认有两个途径：一是到办税服务场所申请办理，领取《“多证合一”登记信息确认表》；二是通过电子税务局申请办理，可在业务办理结束后，登录电子税务局自行打印领取《“多证合一”登记信息确认表》。信息确认无须向税务机关提供资料。

延伸学习 <<<<<<

“多证合一、一照一码”是指商事主体的营业执照、组织机构代码证、税务登记证、刻章许可证、社保登记证、统计登记证、住房公积金缴存单位登记等，在商事登记部门“一表申请、一门受理、一次审核、信息互认、多证合一、档案共享”登记模式的基础上，只发放记载有统一社会信用代码的营业执照，不再发放商事主体的组织机构代码证、税务登记证、刻章许可证、社保登记证、统计登记证等，赋予营业执照具有以上证（照）的全部功能。

（二）其他纳税人（扣缴义务人）身份信息报告

满足以下情形的纳税人应办理纳税人身份信息报告：

1. 除市场监督管理部门之外的其他部门批准成立并取得统一社会信用代码的组织（如社会团体、律师事务所等）；

2. 因经营地址变更等原因，注销后恢复开业的；

3. 有独立的生产经营权，在财务上独立核算并定期向发包人或者出租人上交承包费或租金的承包承租人；

4. 境外企业在中国境内承包建筑、安装、装配、勘探工程和提供劳务的；

5. 从事生产、经营的纳税人，应经有关部门批准设立但未经有关部门批准的；

6. 非境内注册居民企业收到居民身份认定书的；

7. 根据税收法律、行政法规的规定负有扣缴税款义务的扣缴义务人，应当办理扣缴税款登记的。

上述纳税人（扣缴义务人）身份信息发生变化的，应将信息变化情况向税务机关报告。

报送资料 <<<<<<

（1）《纳税人（扣缴义务人）基础信息报告表》2 份。

（2）法定代表人（负责人、业主）身份证件原件 1 份，查验后退回。

（3）纳税人（扣缴义务人）身份信息发生变更，提供变更信息有关的资料或证明材料复印件 1 份。

延伸学习 <<<<<<

扣缴义务人是指税法规定负有代扣代缴、代收代缴纳税人应纳税款义务的单位和个人。《中华人民共和国税收征收管理法》第六条第二款规定：纳税人、扣缴义务人和其他有关单位应当按照国家有关规定如实向税务机关提供与纳税和代扣代缴、代收代缴税款有关的信息。

扣缴义务人有未按照规定向税务机关报送资料和信息、应扣未扣税款、不缴或少缴已扣税款、借用或冒用他人身份等行为的，税务机关依照《中华人民共和国征收管理法》等相关法律、行政法规处理。

（三）实名信息采集

纳税人的法定代表人（负责人、业主）以及有其授权的办税人员（包括税务代理人）应按税务机关要求进行身份信息采集、比对、确认。

报送资料 <<<<<<

（1）采集实名信息人员的有效身份证件 1 份，查验后退回。

（2）办税人员是财务负责人、办税员、发票领购员或被法定代表人（负责人、业主）授权的其他人，纳税人应向税务机关提供《纳税人办税授权委托书》原件 1 份。办税人员是税务代理人，纳税人应向税务机关提供《税务代理合同（协议）》1 份。

（四）存款账户账号报告

纳税人应当自开立基本存款账户或者其他存款账户之日起 15 日内，向主管税务机关书面报告其全部账号；发生变化的，应当自发生变化之日起 15 日内向主管税务机关报告。

报送资料 <<<<<<

（1）《纳税人存款账户账号报告表》2 份。

（2）账户、账号开立证明复印件。

（3）社会保险费缴费人提供《社会保险费缴费人存款账户账号报告表》。

（五）财务会计制度及核算软件备案报告

纳税人应当自首次办理涉税事项之日起 15 日内，将其财务会计制度或财务会计处理办法等信息报送主管税务机关备案。

纳税人使用计算机记账的，还应在使用前将会计电算化系统的会计核算软件、使用说明书及其相关资料报送主管税务机关备案。

境外注册的中资控股居民企业应当按照中国有关法律、法规和国务院财政、税务主管部门的规定，编制财务会计报表、并在领取税务登记证件之日起 15 日内将企业的财务会计制度或者财务会计处理办法及有关资料报送主管税务机关备案。

报送资料 <<<<<<

（1）《财务会计制度及其核算软件备案报告书》2 份。

(2) 纳税人财务会计或纳税人财务会计核算办法1份。

(3) 使用计算机记账的纳税人，提供财务会计核算软件、使用说明书复印件1份。

(六) 银税三方 (委托) 划缴协议

纳税人需要使用电子缴税系统缴纳税费时，可以与税务机关、开户银行签署委托银行代缴税款三方协议或委托划转税款协议，由税务机关向开户银行发起划缴税款验证，实现使用电子缴税系统缴纳税费、滞纳金和罚款。

银税三方（委托）划缴协议签署前，须完成“存款账户账号报告”事项。

银行已开通网签服务的地区，纳税人签订《委托银行代缴税款三方协议（委托划转税款协议书）》时可全程网上办理。银行未开通网签服务的地区，需要纳税人到开户银行办理协议签订。

报送资料 <<<<<<

(1)《委托银行代缴税款三方协议（委托划转税款协议书）》3份（通过网签授权划缴税款协议的，不需要报送纸质协议到主管税务机关）。

(2) 经办人身份证件原件，查验后退回。

要点提示 <<<<<<

纳税人名称与账户名称不一致，或者纳税人在网上办理网签时，提示网上验证报错的，需要纳税人到开户银行面签。

纳税人使用符合《中华人民共和国电子签名法》规定条件的电子签名，与手写签名或盖章具有同等法律效力。

（七）增值税一般纳税人登记

增值税纳税人年应税销售额超过财政部、国家税务总局规定的小规模纳税人标准（即纳税人在连续不超过12个月或4个季度的经营期内累计应征增值税销售额500万元及以下），除特殊规定外，纳税人应在年应税销售额超过规定标准的月份（季度）所属申报期结束后15日内办理增值税一般纳税人登记或者选择按照小规模纳税人纳税的手续；未按规定时限办理的，应在收到《税务事项通知书》后5日内向主管税务机关办理相关手续；逾期未办理的，自通知时限期满的次月起按销售额依照增值税税率计算应纳税额，不得抵扣进项税额，直至办理相关手续为止。

年应税销售额未超过规定标准的纳税人，会计核算健全，能够提供准确税务资料的，可以办理增值税一般纳税人登记。

对税收遵从度低的增值税一般纳税人，主管税务机关可以实行纳税辅导期管理，即税务机关在征税之前，主动了解和帮助纳税人解决纳税中存在的问题，防止发生错漏的一段期间。

增值税一般纳税人登记可通过电子税务局申请办理，也可以到办税服务场所申请办理。

报送资料 <<<<<<

（1）《增值税一般纳税人登记表》2份。

（2）经办人身份证件原件，查验后退回。

（3）营业执照或税务登记证、组织机构代码证件原件，查验后退回，已实名认证的取消报送。

要点提示 <<<<<<

新办纳税人按照法定义务向税务机关报告相关登记信息后，税务机关根据纳税人的生产经营范围和可能发生的应税行为，进行税

（费）种认定，并发送《税务事项通知书》〔税（费）种认定通知〕。通知书的内容包括：应当缴纳的税（费）、申报期限、纳税缴费期限、税率或单位税额、预算分配比例。纳税人可以通过《税务事项通知书》〔税（费）种认定通知〕了解自身的纳税申报义务。例如，应当办理哪些税（费）的申报？这些税（费）多长时间申报一次？这些税（费）应当在多长期限内申报？具体适用什么税率或单位税额是多少？这些内容会在本篇“第15课 申报缴税及风险提示”中讲解。

二、信息变动情况报告

纳税人在生产经营期内，基本信息发生变化或发生纳税相关的重大事项，应在规定的期限内向主管税务机关报告。

纳税人应报告的事项包括：纳税人登记信息变更、欠税人处置不动产或大额资产、纳税人合并分立情况、定期定额户停（复）业、个人所得税递延纳税、个人所得税分期缴纳等。

（一）纳税人登记信息变更

企业、个体工商户等纳税人，在市场监督管理部门、税务机关等设立批准的机关登记的信息发生变化的，应向市场监督管理等部门申报办理信息变更，税务机关会通过网络接收这些变更的信息。

生产经营地、财务负责人、办税人、核算方式、财务会计核算软件等信息发生变更，应向主管税务机关申请变更。

变更纳税人名称的，应同时办理存款账户账号报告的账户名称变更。

如果纳税人生产经营地址变更，涉及变更主管税务机关的，应持有关证件和资料，向原税务机关申报办理注销税务登记，并向迁入地税务机关申报办理税务登记。部分省份已实行纳税人省内迁移手续简化办理。

报送资料

(1) 经办人身份证件原件，查验后退回。

(2) 变更信息的相关资料。

(3) 非市场监管等部门登记信息发生变化，提供变更信息有关材料的复印件。

(二) 欠税人处置不动产或大额资产

欠税税款金额较大（5 万元以上）的纳税人，在对其不动产或者大额资产进行转让、出租、出借、提供担保等处分之前，应向税务机关报告。如果未履行报告义务，税务机关将对其进行责令限期改正。

报送资料

(1)《欠税人处置不动产或大额资产报告表》2 份。

(2) 处置不动产或大额资产清单 1 份。

(三) 纳税人合并分立情况报告

纳税人有合并、分立情况的，应当向税务机关报告，并依法缴清税款。纳税人合并时未缴清税款的，由合并后的纳税人继续履行未履行的纳税义务；纳税人分立时未缴清税款的，分离后的纳税人对未履行的纳税义务承担连带责任。

报送资料

(1)《纳税人合并（分立）情况报告表》，报送数量根据合并（分立）的单位数量决定。

(2) 合并、分立的批准文件或企业决议原件 1 份，查验后退回。

延伸学习<<<<<<

纳税人合并分立报告分为纳税人合并报告和纳税人分立报告两种情况。合并又分为吸收合并和新设合并，分立又分为存续分立和新设分立。发生吸收合并时，被吸收纳税人办理注销税务登记，吸收纳税人办理信息变更；发生新设合并时，原纳税人办理注销税务登记，新设纳税人办理信息报告。发生存续分立时，原纳税人办理信息变更，新分立纳税人办理信息报告；发生新设分立时，原纳税人办理注销税务登记，新分立纳税人办理信息报告。

（四）定期定额户停（复）业报告

实行定期定额征收方式的个体工商户和比照定期定额户进行管理的个人独资企业暂停经营的，应当在停业前向主管税务机关办理停业报告，停业期限不得超过1年；纳税人停业期满不能恢复生产经营的，应当在停业期满前到主管税务机关申请办理延长停业的报告。办理停业报告的纳税人，恢复生产经营的，应当向主管税务机关办理复业报告。

报送资料<<<<<<

（1）《停业复业报告书》2份。

（2）非“一照一码”登记的纳税人停业时报送税务登记证件原件和副本，由税务机关收存，复业时发还。

要点提示<<<<<<

纳税人停业期满未按期复业又不申请延长停业的，视为已恢复生产经营，税务机关将纳入正常管理，并按核定税额按期征收税款。

（五）个人所得税递延纳税报告

个人所得税递延纳税报告包括以下 5 种情形。

1. 非上市公司股权激励个人所得税递延纳税备案

非上市公司实施符合条件的股权激励，个人选择递延纳税的，非上市公司应于股票（权）期权行权、限制性股票解禁、股权奖励获得的次月 15 日内，向主管税务机关报送备案资料。

报送资料 <<<<<<

（1）《非上市公司股权激励个人所得税递延纳税备案表》2 份。

（2）股权激励计划复印件 1 份。

（3）董事会或股东大会决议等复印件 1 份。

（4）激励对象任职或从事技术工作情况说明 1 份。

（5）本企业及其奖励股权标的的企业上一纳税年度主营业务收入构成情况说明。

2. 上市公司股权激励个人所得税递延纳税备案

个人自股票期权行权、限制性股票解禁或取得股权奖励之日起，在不超过 12 个月的期限内缴纳个人所得税。上市公司应自股票期权行权、限制性股票解禁、股权奖励获得的次月 15 日内，向主管税务机关报送备案资料。

报送资料 <<<<<<

（1）《上市公司股权激励个人所得税递延纳税备案表》2 份。

（2）股权激励计划复印件 1 份。

（3）董事会或股东大会决议等复印件 1 份。

3. 技术成果投资入股个人所得税递延纳税备案

个人以技术成果投资入股境内公司并选择递延纳税的，被投资公司应于取得技术成果并支付股权的次月 15 日内，向主管税务机关报送备案资料。

报送资料 <<<<<<

（1）《技术成果投资入股个人所得税递延纳税备案表》2 份。

（2）技术成果相关证书或证明材料原件及复印件 1 份，原件查验后退回。

（3）技术成果投资入股协议复印件 1 份。

（4）技术成果评估报告 1 份。

4. 个人所得税递延纳税情况年度报告

个人因非上市公司实施股权激励或以技术成果投资入股取得的股票（权），实行递延纳税期间，扣缴义务人应于每个纳税年度终了后 30 日内，向主管税务机关提供个人所得税递延纳税情况年度报告。

报送资料 <<<<<<

《个人所得税递延纳税情况年度报告表》2 份。

5. 企业年金、职业年金个人所得税递延纳税备案

建立年金计划的单位应于年金计划的次月 15 日内，向主管税务机关报送备案资料。

报送资料 <<<<<<

（1）《企业年金、职业年金个人所得税递延纳税备案表》2 份。

（2）年金方案复印件 1 份。

（3）人力资源社会保障部门出具的方案备案函、计划确认函复印件 1 份。

要点提示 <<<<<<

未办理备案手续的，不得享受递延纳税优惠政策。

股权激励计划所列内容不同时满足递延纳税全部条件，或递延纳税期间公司情况发生变化，不再符合递延纳税条件的，应于情况发生变化的次月 15 日内，按规定计算缴纳个人所得税。

员工取得符合条件、实施递延纳税政策的股权激励，与不符合递延纳税条件的股权激励应当分别计算。

（六）个人所得税分期缴纳报告

个人所得税纳税人按照政策规定有三种情形可以分期缴纳个人所得税，纳税人或扣缴义务人应按规定向主管税务机关报告。

1. 个人以非货币性资产投资一次性缴税有困难的，选择自发生应税行为之日起，不超过 5 个公历年度内（含）分期缴纳的，应当于取得投资企业股权之日的次月 15 日内向主管税务机关办理备案。

报送资料 <<<<<<

（1）《非货币性资产投资分期缴纳个人所得税备案表》2 份。

（2）投资协议原件及复印件 1 份，原件查验后退回。

（3）纳税人身份证件原件，查验后退回。

（4）非货币性资产评估价格证明材料 1 份。

（5）能证明非货币性资产原值及合理税费的相关资料 1 份。

（6）未完成自然人信息采集的纳税人，报《个人所得税基础信息表（B）》2 份。

要点提示 <<<<<<

非货币性资产投资个人所得税以发生非货币性资产投资行为并取

得投资企业股权的个人为纳税人，应按照“财产转让所得”项目，依法计算缴纳个人所得税。

纳税人以不动产投资的，以不动产所在地税务机关为主管税务机关；纳税人以其持有的企业股权对外投资的，以该企业所在地税务机关为主管税务机关；纳税人以其他非货币资产投资的，以被投资企业所在地税务机关为主管税务机关。

纳税人分期缴税期间提出变更原分期缴税计划的，应重新报送《非货币性资产投资分期缴纳个人所得税备案表》。

2. 非上市公司及未在全国中小企业股份转让系统挂牌的中小高新技术企业以未分配利润、盈余公积、资本公积向个人股东转增股本时，个人股东一次缴纳个人所得税确有困难，选择自发生应税行为之日起，不超 5 个公历年度内（含）分期缴纳的，应当于发生股权奖励的次月 15 日内将有关资料报主管税务机关备案。

报送资料 <<<<<<

（1）《个人所得税分期缴纳备案表（股权奖励）》2 份。

（2）高新技术企业认定证书原件及复印件 1 份，原件查验后退回。

（3）股东大会或董事会决议复印件 1 份。

（4）相关技术人员参与技术活动的说明材料 1 份。

（5）企业股权奖励计划 1 份。

（6）能够证明股权或股票价格的有关材料 1 份。

（7）企业转化科技成果的说明 1 份。

（8）最近一期企业财务报表 1 份。

3. 高新技术企业转化科技成果，给予本企业相关技术人员的股权奖励，获得股权奖励的企业技术人员一次缴纳个人所得税有困难，选择自发生应税行为之日起，不超 5 个公历年度内（含）分期缴纳的，应当于发生股权奖励的次月 15 日内将有关资料报主管税务机关备案。

报送资料 <<<<<<

(1)《个人所得税分期缴纳备案表（转增股本)》2 份。

(2) 高新技术企业认定证书原件及复印件 1 份，原件查验后退回。

(3) 股东大会或董事会决议复印件 1 份。

(4) 上年度及转增股本当月企业财务报表 1 份。

(5) 转增股本有关情况说明 1 份。

三、跨区经营情况报告

纳税人到外省（自治区、直辖市和计划单列市）临时从事生产经营活动的，应向经营地税务机关报验登记，接受税务管理。

跨区域涉税事项报验管理包括：跨区域涉税事项报告、跨区域涉税事项报验、跨区域涉税事项反馈。

（一）跨区域涉税事项报告

纳税人跨区域临时从事生产经营活动的，应在开展生产经营活动前，向机构所在地税务机关报告。

报送资料 <<<<<<

(1)《跨区域涉税事项报告表》2 份。

(2) 加载统一社会信用代码的营业执照（或税务登记证、组织机构代码证等）附件，或加盖纳税人公章的复印件 1 份，原件查验后退回，已实名认证的，取消报送。

（二）跨区域涉税事项报验

纳税人跨区域临时从事生产经营活动的，首次在经营地办理涉税事项时，向经营地税务机关报验，接受经营地税务机关管理。纳税人跨区域经营合同延期的，可以向经营地或机构所在地税务机关办理报验管理期限延期手续。

报送资料 <<<<<<

(1) 加载统一社会信用代码的营业执照（或税务登记证、组织机构代码证等）附件，或加盖纳税人公章的复印件 1 份，原件查验后退回，已实名认证的，取消报送。

(2) 纳税人因合同延期，需办理报验管理有效期延期的，重新使用《跨区域涉税事项报告表》，但只填写“纳税人名称”“纳税人识别号（统一社会信用代码）”以及“延长有效期”栏，并盖章。《跨区域涉税事项报告表》一式两份，纳税人、机构所在地或经营地税务机关各留存一份。

（三）跨区域涉税事项反馈

纳税人跨区域经营活动结束后，应当结清经营地税务机关的应纳税款以及其他涉税事项，向经营地税务机关进行反馈。

报送资料 <<<<<<

《经营地涉税事项反馈表》1 份。

税务机关受理后，纳税人可索取《税务事项通知书》（受理通知）。经营地税务机关核对《经营地涉税事项反馈表》后，及时将相关信息反馈给机构所在地税务机关。纳税人不需要另行向机构所在地税务机关反馈。

要点提示 <<<<<<

纳税人跨区域提供建筑服务，应按照规定向建筑服务发生地主管税务机关预缴税款，并及时向机构所在地主管税务机关申报纳税。但纳税人在同一地级行政区范围内跨县（市、区）提供建筑服务，不需要在经营地税务机关预缴增值税，直接向机构所在地税务机关申报缴税。

不能自行开具增值税发票的小规模纳税人，可以向项目所在地主管税务机关申请代开增值税发票。

四、出口退（免）税备案

出口企业或其他单位，首次向税务机关申报出口退（免）税，或《出口退（免）税备案表》中的内容发生变更的，应向主管税务机关办理出口退（免）税备案或备案变更手续。

退税代理机构首次向主管税务机关申报境外旅客离境退税结算时，应向主管税务机关办理备案手续。

出口企业或其他单位，在注销税务登记或注销出口退（免）税备案时，应向主管税务机关申请办理撤回出口退（免）税备案手续。

报送资料

（1）《出口退（免）税备案表》及电子数据（其中“退税开户银行账户”须从纳税人向税务机关报告的银行账号中选择一个填报）。

（2）未办理备案登记，发生委托出口业务的生产企业应报送委托代理出口协议1份。

（3）增值税零税率应税服务提供者办理出口退（免）税备案时，还应提供国际运输服务企业（或港澳台运输服务企业）相关运输方式的经营许可证的原件和复印件1份，原件查验后退回。

采用程租、期租和湿租方式租赁交通运输工具用于国际运输服务和港澳台运输服务的企业，应报送程租、期租和湿租合同或协议原件及复印件1份，原件查验后退回。

对外提供研发服务或设计服务的，应报送《技术出口合同登记证》原件及复印件1份，原件查验后退回。

（4）退税代理机构办理出口退（免）税备案时，还应报送与省税务局签订的服务协议。

（5）《出口退（免）税备案表》中的内容发生变更的，出口企业或其他单位须自变更之日起30日内，向主管税务机关提供相关资料，办理备案内容的变更。出口企业或其他单位需要变更“退（免）税方法”的，主管税务机关应按规定结清退（免）税款后办理变更。

已办理过出口退（免）税备案的出口企业，提供增值税零税率应税服务的，应填报《出口退（免）税备案变更申请表》及电子数据，提供增值税零税率应税服务备案对应的资料，向主管税务机关申请办理出口退（免）税备案变更。

（6）出口企业或其他单位撤回出口退（免）税备案的，主管税务机关应按规定结清退（免）税款后办理。

出口企业或其他单位办理撤回出口退（免）税备案事项时，如果向主管税务机关声明放弃未申报或已申报但尚未办理的出口退（免）税并按规定申报免税的，视同已结清出口退税款。

因合并、分立、改制重组等原因撤回出口退（免）税备案的出口企业或其他单位（以下简称撤回备案企业），应向主管税务机关提供以下资料，经主管税务机关核对无误后，视同已结清出口退（免）税款。

①企业撤回出口退（免）税备案未结清退（免）税确认书1份。

②合并、分立、改制重组企业决议、章程及相关部门批件1份。

③承继撤回备案企业权利和义务的企业在撤回备案企业所在地的开户银行名称及账号1份。

五、税务注销

企业、个体工商户依法终止纳税义务的，应当在向市场监督管理部门或其他机关办理注销前，持有关证明和资料向税务机关申请办理注销税务登记；按规定不需要在市场监督管理部门或者其他机关办理注销的，应当自有关机关批准或者宣告终止之日起15日内，持有关证件和资料向税务机关申请办理注销税务登记。

报送资料 <<<<<<

1. 所有纳税人办理注销需要报送的资料。

（1）《清税申报表》2份。

（2）经办人身份证件原件，查验后退回。

2. 不同纳税人依条件需报送的资料。

（1）上级主管、董事会决议注销的纳税人，需报送上级主管部门批复文件或董事会决议原件或复印件1份，已实行实名办税的纳税人，可取消报送。

（2）境外企业在中国境内承包建筑、安装、装配、勘探工程和提供劳务的纳税人，需报送项目完工证明、验收证明等相关文件复印件1份，已实行实名办税的纳税人，可取消报送。

（3）被市场监督管理机关吊销营业执照的纳税人，需报送市场监督管理机关发出的吊销工商营业执照决定复印件1份，已实行实名办税的纳税人可取消报送。

（4）已领取《发票领用簿》的，需报送《发票领用簿》1份，已实行实名办税的纳税人可取消报送。

（5）未启用统一社会信用代码的纳税人，需报送税务登记证件和其他税务证件1份，已实行实名办税的纳税人可取消报送。

（6）未办理过涉税事宜的纳税人，需报送加载统一社会信用代码的营业执照（或组织机构代码证等）原件，查验后退还。

（7）经人民法院裁定宣告破产的纳税人，需报送人民法院终结破产程序裁定书或判定书复印件1份。

（8）其他按规定应收缴的办税专用设备。

要点提示 <<<<<<

对向市场监管部门申请一般注销的纳税人，税务机关在为其办理税务注销时，进一步落实限时办结规定。对未处于税务检查状态、无欠税（滞纳金）及罚款、已缴销增值税专用发票及税控专用设备，且符合下列情形之一的纳税人，优化即时办结服务，采取“承诺制”容缺办理，即：纳税人在办理税务注销时，若资料不齐，可在其作出承诺后，税务机关即时出具清税文书。

（1）纳税信用级别为 A 级和 B 级的纳税人；

（2）控股母公司纳税信用级别为 A 级的 M 级纳税人；

（3）省级人民政府引进人才或经省级以上行业协会等机构认定的行业领军人才等创办的企业；

（4）未纳入纳税信用级别评价的定期定额个体工商户；

（5）未达到增值税纳税起征点的纳税人。

六、风险提示

1.《中华人民共和国税收征收管理法》第六十条：未按照规定的期限办理税务登记、变更或注销登记的，由税务机关责令限期改正，可以处 2000 元以下的罚款；情节严重的，处 2000 元以上 10000 元以下的罚款。

不办理税务登记的，由税务机关责令限期改正；逾期不改正的，经税务机关提请，由市场监督管理部门吊销其营业执照。

未按照规定使用税务登记证件，或者转借、涂改、损毁、买卖、伪造税务登记证件的，处 2000 元以上 10000 元以下的罚款；情节严重的，处 10000 元以上 50000 元以下的罚款。

2.《税务登记管理办法》第四十一条：纳税人通过提供虚假的证明资料等手段，骗取税务登记证的，处 2000 元以下的罚款；情节严重的，处 2000 元以上 10000 元以下的罚款。

3.《税务登记管理办法》第四十三条：纳税人违反《税务登记管理办法》的规定，拒不接受税务机关处理的，税务机关可以收缴纳税人的发票或者停止发放发票。

4.《中华人民共和国税收征收管理法》第六十条第三款：未按照规定设置、保管账簿或者保管记账凭证和有关资料的，未按照规定将财务、会计制度或者财务、会计处理办法和会计核算软件报送税务机关备查的，未按照规定将其全部银行账号向税务机关报告的。由税务机关责令限期改正，可以处2000 元以下的罚款；情节严重的，处2000 元以上 10000 元以下的罚款。

5.《税务登记管理办法》第四十二条：扣缴义务人未按照规定办理扣缴税款登记的，税务机关应当自发现之日起 3 日内责令其限期改正，并可处以 1000 元以下的罚款。

6.《中华人民共和国税收征收管理法》第六十二条：对已办理停业、到期不能复业、需要继续停业的纳税人，若未按期办理续停业手续，系统将在您停业届满的次月 1 日起，自动将纳税人的停业状态恢复为复业状态，纳税人必须按照正常营业申报缴税。若纳税人没有按期申报，将会按逾期申报处理。纳税人未按照规定的期限办理纳税申报和报送纳税资料的，由税务机关责令限期改正，可以处2000 元以下的罚款，情节严重的，可以处 2000 元以上 10000 元以下的罚款。

7.《国家税务总局关于进一步优化办理企业税务注销程序的通知》（税总发〔2018〕149 号）第二条：税务注销时，纳税人作出容缺办理承诺，应按承诺的时间补齐资料并办结相关事项。若未履行承诺的，税务机关将对其法定代表人、财务负责人纳入纳税人信用 D 级管理。

8. 未按照规定办理税务登记或存款账户账号、财务会计制度及核算软件备案报告，将影响纳税人的纳税信用等级评价。（《纳税信用管

理办法（试行)》)

9. 出口企业提供虚假备案单证的，主管税务机关应按照《中华人民共和国税收征收管理法》第七十条的规定处罚，即税务机关责令其改正，可处10000元以下的罚款；情节严重的处10000元以上50000元以下的罚款。

第14课　发票使用及风险提示

作为创业者，您可能会在购销商品、提供或者接受服务以及从事其他经营活动中开具、收取发票。那么如何开具、使用、取得、保管发票呢？又如何辨别发票的真伪，防范发票使用过程中的风险呢？本节将向您简要介绍。

一、发票种类

按照发票开具及管理方式的不同可将发票划分为两类。

（一）使用增值税发票管理系统开具的发票

主要有增值税专用发票（含电子专用发票)、增值税普通发票（折叠式和卷式)、增值税电子发票（普通发票、通行费发票)、机动车销售统一发票、二手车销售统一发票。

增值税专用发票是增值税纳税人销售货物、提供应税劳务或者销售服务、无形资产、不动产等增值税应税行为开具的发票，也是增值税一般纳税人计算抵扣进项税额的原始凭证。增值税专用发票由基本联次或者基本联次附加其他联次构成，基本联次为三联：发票联、抵扣联和记账联。发票联是购买方核算采购成本和增值税进项税额的记账凭证；抵扣联是购买方报送主管税务机关认证和留存备查的凭证；记账联是销售方核算销售收入和增值税销项税额的记账凭证。其他联次用途由纳税人自行确定。

所有增值税小规模纳税人（自然人除外）发生增值税应税行为，需要开具增值税专用发票的，均可自愿使用增值税发票开票软件自行开具。选择自行开具增值税专用发票的小规模纳税人，税务机关不再为其代开增值税专用发票。增值税一般纳税人转登记为小规模纳税人，在转登记日前已作增值税专用发票票种核定的，转登记为小规模纳税人后发生增值税应税行为，可继续使用增值税发票管理系统自行开具。

增值税普通发票主要分为增值税普通发票（折叠票）、增值税普通发票（卷票）、增值税电子普通发票。增值税普通发票（卷票）由纳税人自愿选择使用，重点在生活性服务业纳税人中推广使用；增值税电子普通发票的开票方和受票方需要纸质发票的，可以自行打印增值税电子普通发票的版式文件，其法律效力、基本用途、基本使用规定等与税务机关监制的增值税普通发票相同。

机动车销售统一发票，由从事机动车零售业务的单位和个人，在销售机动车（不包括销售旧机动车）收取款项时开具。机动车销售统一发票为电脑六联式发票，各联次的用途如下：发票联作为购货单位付款凭证；抵扣联作为购货单位扣税凭证；报税联由车辆购置税征收单位留存；注册登记联由车辆登记单位留存，记账联作为销货单位记账凭证；存根联由销货单位留存。

二手车销售统一发票，由二手车经销企业、经纪机构和拍卖企业，在销售、中介和拍卖二手车收取款项时开具。二手车销售统一发票包括发票联、转移登记联（公安车辆管理部门留存）、出入库联、记账联、存根联。

（二）其他方式开具的发票

主要有印有本单位名称的发票（冠名发票）、通用机打发票、通用定额发票，以及景点门票、旅客运输发票等其他发票。

延伸学习 <<<<<<

我国稳步实施发票电子化改革。2021 年建成全国统一的电子发票服务平台，24 小时在线免费为纳税人提供电子发票申领、开具、交付、查验等服务。制定出台电子发票国家标准，有序推进铁路、民航等领域发票电子化，2025 年基本实现发票全领域、全环节、全要素电子化，着力降低制度性交易成本。

二、发票领用

（一）首次申领增值税发票

纳税人自办理信息报告后，因生产经营需要，可向税务机关提出领用发票的申请，确定领用的种类、单次（月）领用数量、开票限额。

报送资料 <<<<<<

（1）《纳税人领用发票票种核定表》1 份。

（2）加载社会统一信用代码的营业执照或税务登记证原件，查验后退回。

（3）经办人身份证件原件，查验后退回。

（4）发票专用章印模。

（5）金税盘（税控盘）、税务 UKey。

要点提示 <<<<<<

经税务机关批准后，纳税人凭《增值税税控系统安装使用通知书》购买增值税税控系统专用设备，在税务机关办理增值税税控系统专用设备的初始发行。

（二）非首次申领增值税发票

非首次申领增值税发票有以下三种情况：

一是按原票种核定进行领用。日常领用发票时，纳税人需要对已开具的发票先进行验旧，将已开具发票的相关信息通过电子或纸质方式报送税务机关查验，再领用发票。

报送资料 <<<<<<

（1）经办人身份证件原件，查验后退回。

（2）领用增值税专用发票、机动车销售统一发票和增值税普通发票的，提供金税盘（税控盘）、税务 UKey。如果纳税人通过网上领用发票可不携带增值税税控系统专用设备。

二是纳税人因生产经营情况发生变化，需要调整发票票种或单次（月）领用数量，可向税务机关申请调整。

报送资料 <<<<<<

（1）经办人身份证件原件，查验后退回。

（2）加载统一社会信用代码的营业执照（或税务登记证、组织机构代码证等）原件，查验后退回。

（3）《纳税人领用发票票种核定表》1 份。

要点提示 <<<<<<

经税务机关批准后，纳税人凭《税务事项通知书》（发票票种核定通知），携带增值税税控系统专用设备，在税务机关办理增值税税控系统专用设备的变更发行。

三是纳税人因生产经营情况发生变化，开票限额不能满足经营需要的，可向税务机关申请调整增值税专用发票最高开票限额。

报送资料 <<<<<<

（1）《税务行政许可申请表》1份。

（2）《增值税专用发票最高开票限额申请表》2份。

（3）经办人身份证件原件，查验后退回。

（4）委托代理人提出申请的应报送《委托代理书》1份；代理人身份证件原件，查验后退回。

要点提示 <<<<<<

经税务机关批准后，纳税人凭《准予税务行政许可决定书》，携带增值税税控系统专用设备，在税务机关办理增值税税控系统专用设备的变更发行。

对实行纳税辅导期管理的纳税人实行限量限额发售发票，每次发售增值税专用发票数量不得超过25份。其中，小型商贸批发企业领用增值税专用发票的最高开票限额不得超过10万元。

三、发票开具

（一）发票开具的一般要求

开具发票应遵守以下要求：

1. 使用中文，应当按照规定的时限、顺序、栏目，全部联次一次性如实开具，纸质发票在发票联和抵扣联加盖发票专用章。电子发票采用电子签名代替发票专用章，其法律效力、基本用途、基本使用规定相同。

2. 任何单位和个人不得弄虚作假开具发票，不得转借、转让或者代开发票，不得拆本使用发票，不得自行扩大增值税专用发票的使用范围，不得倒买或者出卖发票（包括发票监制章和发票防伪专用品），未发生经营业务一律不得开具发票。

3. 已开具的发票存根联应当保存5年，不得擅自损毁。

要点提示 <<<<<<

为他人、为自己开具与实际经营业务情况不符的发票，让他人为自己开具与实际经营业务情况不符的发票，介绍他人开具与实际经营业务情况不符的发票都属于虚开发票的行为。

虚开发票是严重的违法行为，既涉及增值税专用发票开具方或销售方，也涉及增值税专用发票接受方或购进方。纳税人虚开增值税专用发票，未就其虚开金额申报并缴纳增值税的，应按照其虚开金额补缴增值税；已就其虚开金额申报并缴纳增值税的，不再按照其虚开金额补缴增值税。税务机关对纳税人虚开增值税专用发票的行为，应按《中华人民共和国税收征收管理法》及《中华人民共和国发票管理办法》的有关规定给予处罚。纳税人取得虚开的增值税专用发票，不得作为增值税合法有效的扣税凭证抵扣其进项税额。

（二）增值税专用发票开具的具体规定

1. 不得自行开具或代开增值税专用发票的情形

（1）商业企业一般纳税人零售的烟、酒、食品、服装、鞋帽（不包括劳保专用部分）、化妆品等消费品；

（2）销售免税货物或提供免征增值税的应税劳务和服务；

（3）向消费者个人销售货物、劳务、服务、无形资产或者不动产；

（4）增值税一般纳税人销售自己使用过的固定资产，适用简易办法依 3% 征收率减按 2% 征收的；

（5）小规模纳税人销售自己使用的固定资产；

（6）销售旧货；

（7）商业企业向供货方收取的各种收入；

（8）不征收增值税项目。

2. 增值税专用发票作废

增值税一般纳税人在开具专用发票的当月，发生销货退回、开票有误、应税服务中止等情形，收到退回的发票联、抵扣联符合作废条件的，按作废处理；开具时发现有误的，可即时作废。作废专用发票须在增值税发票管理系统中将相应的数据电文按“作废”处理，在纸质专用发票（含未打印的专用发票）各联次上注明“作废”字样，全部联次留存。

符合增值税专用发票作废条件，是指作废发票同时具备下列情形：①收到退回的发票联、抵扣联时间未超过销售方开票当月；②销售方未抄税并且未记账；③购买方未认证或者认证结果为“纳税人识别号认证不符”“专用发票代码、号码认证不符”。

3. 红字增值税专用发票开具

纳税人开具增值税专用发票后，发生销货退回、开票有误、应税服务中止、销售折让等情形，或者开具增值税纸质专用发票后发生发票抵扣联、发票联均无法认证情形，需要开具红字增值税专用发票的，需按以下方法处理：

购买方取得增值税专用发票已用于申报抵扣的，购买方可在增值税发票管理系统中填开并上传《开具红字增值税专用发票信息表》（以下简称《信息表》），在填开《信息表》时不填写相对应的蓝字增值税专用发票信息，应暂依《信息表》所列增值税税额从当期进项税额中转出，待取得销售方开具的红字增值税专用发票后，与《信息表》一并作为记账凭证。

购买方取得增值税专用发票未用于申报抵扣，但发票联或抵扣联无法退回的，购买方填开《信息表》时应填写相对应的蓝字增值税专用发票信息。

销售方开具增值税专用发票尚未交付购买方，以及购买方未用于申报抵扣并将发票联及抵扣联退回的，销售方可在增值税发票管理系统中填开并上传《信息表》。销售方填开《信息表》时应填写相对应的蓝字增值税专用发票信息。

主管税务机关通过网络接收纳税人上传的《信息表》，系统自动校验通过后，生成带有"红字发票信息表编号"的《信息表》，并将信息同步至纳税人端系统中。

销售方凭税务机关系统校验通过的《信息表》开具红字增值税专用发票，在增值税发票管理系统中以销项负数开具。红字增值税专用发票应与《信息表》一一对应。

纳税人也可凭《信息表》电子信息或纸质资料到税务机关对《信息表》内容进行系统校验。

若纳税人是小规模纳税人且在税务机关代开了增值税专用发票，需要开具红字增值税专用发票的，按照一般纳税人开具红字增值税专用发票的方法处理。

（三）发票存根联数据采集或报送

使用增值税发票管理系统的纳税人应于每月申报期内向税务机关报送增值税发票数据，在设备和网络正常的情况下，增值税发票管理系统已实现数据自动采集。

因金税盘（税控盘）、税务 UKey 等损坏而导致无法报送电子数据的纳税人，应携带已开具的增值税发票存根联（作废发票应报送全部联次）到主管税务机关报送增值税发票数据。

按照有关规定不使用网络办税或不具备网络条件的特定纳税人，携带金税盘（税控盘）、税务 UKey，到主管税务机关报送增值税发票数据。

四、发票的取得、鉴别和勾选确认

（一）发票取得的一般性规定

纳税人在购买商品、接受服务以及从事其他经营活动支付款项时，应当向收款方索取发票。在取得发票时，不得要求变更品名和金额。对不符合规定的发票，不得作为财务报销凭证，任何单位和个人有权拒收。

（二）发票真伪鉴别

一是网上鉴别。纳税人登录全国增值税发票查验平台（https://inv-veri.chinatax.gov.cn）对增值税发票管理系统开具的增值税专用发票、增值税普通发票、机动车销售统一发票和增值税电子普通发票的发票信息进行查验。

二是用票单位和个人有权申请税务机关对发票的真伪进行鉴定。

（三）增值税专用发票勾选确认

增值税一般纳税人取得增值税专用发票、机动车销售统一发票、收费公路通行费增值税电子普通发票后，通过增值税发票综合服务平台“抵扣勾选”模块对具有抵扣用途的发票进行勾选确认。

纳税人可在增值税发票综合服务平台“抵扣勾选”模块中使用“发票抵扣勾选”“发票批量抵扣勾选”“逾期发票抵扣勾选”功能勾选用于申报抵扣的发票，勾选时支持修改有效抵扣税额；使用“发票不抵扣勾选”功能，对不用于申报的发票进行勾选；在申报期内使用“抵扣勾选统计”功能进行抵扣申请，并在抵扣申请处理完成后对抵扣统计表进行签名确认，完成签名确认后填写申报表进行申报。对于抵扣勾选、确认签名的操作期为在税款所属期内的，需关注税款所属期的申报截止日期，每个属期内支持多次勾选、撤销勾选、申请统计、撤销统计、签名确认（未完成申报之前）等操作。

每个税款所属期的勾选时间范围为当期已申报结束或征期结束后至下期申报当天或征期结束当天。即当期勾选、确认的开始时间为纳税人完成上一期申报的当天，结束时间为纳税人完成当期申报的当天。若纳税人当期一直未进行申报或系统未接收到当期已申报的结果，当期勾选的截止时间为纳税人所在地税务机关设置的当期申报截止期当天。

除发票状态、管理状态为正常外，其他异常发票不允许勾选。对于勾选为抵扣的发票默认全额抵扣，纳税人可根据实际情况自行调整有效抵扣税额。

纳税人通过税务机关、自助办税终端扫描认证的发票，增值税发票综合服务平台默认为勾选状态，纳税人如需申报抵扣，应在该平台先完成确认签名；支持撤销勾选操作，再次勾选时，税款所属期归属在勾选提交时的当期。

对于已勾选的发票，纳税人可以在模块中撤销勾选，但在申报期内，如纳税人已经在“抵扣勾选统计”模块进行了申请统计，系统将锁定当期的勾选操作；如需继续勾选发票，可在撤销统计成功后继续进行发票勾选或撤销勾选。

纳税人每日可登录增值税发票综合服务平台，查询、选择、确认用于申报抵扣或者出口退税的增值税发票信息。

纳税人通过增值税发票综合服务平台“抵扣勾选统计”模块，查询当前税款所属期所认证数据，生成当前税款所属期可用于申报抵扣的发票汇总统计表及异常发票统计表，或历史税款所属期发票统计表及异常发票统计表。申报期内，申请统计完成后正式进行申报前，需在增值税发票综合服务平台对抵扣统计表进行签名确认操作，才能进行纳税申报。

申报期内对已勾选数据进行申请统计后，系统将自动锁定当期抵扣勾选操作；如需继续勾选发票，可在撤销统计成功后继续进行发票勾选或撤销勾选操作。对抵扣统计表签名确认后申报完成前，支持撤销统计。系统将自动撤销抵扣统计表和签名确认。撤销完成后可以继续勾选发票，修改完毕后需再次进行申请统计和确认签名操作。

五、发票缴销

纳税人信息变更或税务注销、跨区域经营活动结束，发票换版、损毁等，按规定需要到税务机关缴销发票。

报送资料 <<<<<<

需缴销的发票。

六、增值税税控系统专用设备变更发行和注销发行

（一）增值税税控系统专用设备变更发行

纳税人增值税税控系统专用设备载入信息发生变更的，税务机关对增值税税控系统专用申报及数据库中的信息作相应变更。

报送资料 <<<<<<

（1）金税盘（税控盘）、税务 UKey。

（2）经办人身份证件原件，查验后退回。

（3）《税务事项通知书》（发票票种核定通知）或《准予税务行政许可决定书》或《准予变更税务行政许可决定书》1 份，查验后退回。

要点提示 <<<<<<

使用金税盘（税控盘）的纳税人需要增加或减少分开开票的，必须对原有增值税税控系统专用设备进行变更。

变更的内容包括：纳税人名称及其税务登记基本信息变更；纳税人发行授权信息变更；因纳税人金税盘（税控盘）、税务 UKey 损坏，而对其金税盘（税控盘）、税务 UKey 进行变更；增值税发票管理系统离线开票管理时限和离线开票总金额变更；购票人员姓名、密码发生变更；等等。

（二）增值税税控系统专用设备注销发行

纳税人发生清税等涉及增值税税控系统专用设备需注销发行的，税务机关在增值税税控系统中注销纳税人发行信息档案。有下列情形之一的，纳税人需要上缴增值税税控系统专用设备：①依法清税注销，终止纳税义务；②减少分开票机；③根据国家税务总局的统一部署，需更换新型号防伪税控设备的，纳税人其旧型号防伪税控设备需要办理注销发行。

注销发行前，应事前办理空白发票的退回或缴销，以及采集已开具增值税发票数据。

报送资料 <<<<<<

（1）金税盘（税控盘）、税务 UKey。

（2）经办人身份证件原件，查验后退回。

（3）《清税申报表》（《注销申请表》）1 份，查验后退回。

要点提示 <<<<<<

纳税人当前使用的增值税税控系统专用设备发生损毁或盗失等情

况，若继续使用的，作更换处理；不再继续使用的，报税务机关备案并办理注销发行。

七、发票、增值税税控系统专用设备遗失（损毁）报告

纳税人发生发票丢失、被盗、损毁致无法辨认发票代码或号码、灭失的，或者增值税税控系统专用设备发生丢失、被盗的，应及时向主管税务机关报告。

报送资料 <<<<<<

(1)《发票挂失/损毁报告表》1 份。

(2)《挂失/损毁发票清单》1 份。

(3) 丢失机动车销售统一发票的消费者，报送加盖销售单位发票专用章的《机动车销售统一发票存根联》复印件 1 份。

(4) 丢失（被盗）增值税防伪税控系统专用设备的，报送《丢失、被盗防伪税控系统专用设备情况表》2 份。

八、发票代开

符合代开条件的增值税小规模纳税人发生增值税应税行为，需要开具增值税发票的，可以依照法律以及其他政策性文件的规定，向税务机关申请代开发票。

（一）代开途径

1. 到办税服务窗口申请办理。

2. 到税务机关委托的代开发票机构申请办理，如湖南邮政系统。

3. 在办税服务场所使用自助设备通过电子税务局申请办理，直接在自助终端系统自行打印代开的增值税普通发票。

4. 通过电子税务局申请办理，发票领取方式可选择邮寄或到办税服务场所自取。

（二）代开票种

1. 代开增值税普通发票

增值税小规模纳税人发生增值税应税行为需要开具增值税普通发票的，可向税务机关申请代开。其中，小规模纳税人转让其取得的不动产或者出租不动产，按照规定不能自行开具发票的，可向不动产所在地主管税务机关申请代开发票。小规模纳税人跨县（市、区）提供建筑服务，不能自行开具发票的，可向建筑服务发生地主管税务机关按照其取得的全部价款和价外费用申请代开发票。自然人发生应税行为，可以自行选择在户籍所在地税务机关、居住地税务机关或应税行为发生地税务机关任意一方申请代开发票；自然人从事电子商务等无法明确应税行为发生地的，以纳税人户籍所在地、居住地（以居住信息为准）或受票方注册地、经营地税务机关作为代开发票的主管税务机关。自然人转让、出租其取得的不动产、土地使用权，可以向不动产、土地使用权所在地主管税务机关申请代开发票；自然人委托房屋中介、住房租赁企业等单位出租不动产，需要向承租方开具发票的，可以由受托单位代其向主管税务机关按规定申请代开发票。

报送资料 <<<<<<

（1）自然人代开应报送的资料。

①《代开增值税发票缴纳税款申报单》1份。

②身份证件原件和复印件1份，原件查验后退回。

（2）未办理营业执照的临时登记纳税人代开发票应报送的资料。

①《代开增值税发票缴纳税款申报单》1份。

②经办人身份证件原件，查验后退回。

（3）已办理税务登记的纳税人代开发票应报送的资料。

①《代开增值税发票缴纳税款申报单》1份。

②加载统一社会信用代码的营业执照（或税务登记证），查验后退回。

③经办人身份证件原件和复印件，原件查验后退回。

（4）小规模纳税人出租、转让不动产或土地使用权代开发票应报送的资料。

①《代开增值税发票缴纳税款申报单》1份。

②身份证件原件和复印件1份，原件查验后退回。

③不动产合同、协议或税务机关认可的其他资料原件和复印件1份，原件查验后退回。

2. 代开增值税专用发票

已办理税务登记的增值税小规模纳税人（包括个体经营者）以及国家税务总局确定的其他可以代开增值税专用发票的纳税人发生增值税行为，需要开具增值税专用发票时，可向主管税务机关申请代开。其中，小规模纳税人转让其取得的不动产或者出租不动产，照规定不能自行开具增值税专用发票的，可向不动产所在地主管税务机关申请代开发票。小规模纳税人跨县（市、区）提供建筑服务，不能自行开具增值税专用发票的，可向建筑服务发生地主管税务机关按照其取得的全部价款和价外费用申请代开增值税专用发票。个人转让或出租其取得的不动产可向不动产所在地主管税务机关申请代开增值税专用发票。小规模纳税人在境内提供公路或内河货物运输服务，需要开具增值税专用发票的，可在税务登记地、货物起运地、货物到达地或运输业务承揽地（含互联网物流平台所在地）中任何一地，就近向税务机关申请代开增值税专用发票。

报送资料 <<<<<<

（1）货物运输业小规模纳税人代开增值税专用发票需报送的资料。

①《货物运输业代开增值税专用发票缴纳税款申报单》3 份。

②加载统一社会信用代码的营业执照（或税务登记证），查验后退回。

③经办人身份证件原件和复印件 1 份，原件查验后退回。

（2）其他小规模纳税人代开增值税专用发票需报送的资料。

①《代开增值税发票缴纳税款申报单》1 份。

②加载统一社会信用代码的营业执照（或税务登记证、组织机构代码证等原件），查验后退回。

③经办人身份证件原件和复印件 1 份，原件查验后退回。

（3）小规模纳税人出租、转让不动产，应向不动产所在地税务机关申请代开增值税专用发票，应报送的资料如下。

①《代开增值税发票缴纳税款申报单》1 份。

②经办人身份证件原件和复印件 1 份，原件查验后退回。

③不动产合同、协议或税务机关认可的其他资料原件和复印件 1 份，原件查验后退回。

要点提示 <<<<<<

（1）同一申请代开发票的单位和个人，在一个纳税期内累计开票金额超过增值税免税标准的，应在超过免税标准的当次将该纳税期内开票金额一并计算征税。

（2）因开具错误、销货退回、销售折让、服务中止等原因，纳税人需要作废已代开增值税发票的，可凭已代开发票全部联次在代开当月向原代开税务机关提出作废申请；不符合作废条件的，可以通过开具红字发票处理；纳税人需要退回已征收税款的，可以向税务机关申请退税。

（3）纳税人申请代开增值税普通发票时，购买方为企业的，应在《代开增值税发票缴纳税款申报单》中的“购买方纳税人识别号”栏填写购买方的纳税人识别号或统一社会信用代码。

（4）纳税人向其他个人转让其取得的不动产，不得开具或申请代开增值税专用发票。

（5）销售不动产，纳税人代开增值税发票时，应在“货物或应税劳务、服务名称”栏填写不动产名称及房屋产权证书号码（无房屋产权证书的可不填写），“单位”栏填写面积单位，应提供不动产的详细地址。

九、风险提示

（一）违规使用发票

1.《中华人民共和国发票管理办法》第三十五条：违反该办法的规定，有下列情形之一的，由税务机关责令改正，可以处 1 万元以下的罚款；有违法所得的予以没收：

（1）应当开具而未开具发票，或者未按照规定的时限、顺序、栏目，全部联次一次性开具发票，或者未加盖发票专用章的；

（2）使用税控装置开具发票，未按期向主管税务机关报送开具发票的数据的；

（3）使用非税控电子器具开具发票，未将非税控电子器具使用的软件程序说明资料报主管税务机关备案，或者未按照规定保存、报送开具发票的数据的；

（4）拆本使用发票的；

（5）扩大发票使用范围的；

（6）以其他凭证代替发票使用的；

（7）跨规定区域开具发票的；

（8）未按照规定缴销发票的；

（9）未按照规定存放和保管发票的。

2.《中华人民共和国发票管理办法》第三十六条：跨规定的使用区域携带、邮寄、运输空白发票，以及携带、邮寄或者运输空白发票出入境的，由税务机关责令改正，可以处 1 万元以下的罚款；情节严重的，处 1 万元以上 3 万元以下的罚款；有违法所得的予以没收。

丢失发票或者擅自损毁发票的，依照上述规定处罚。

3.《中华人民共和国发票管理办法》第四十一条：违反发票管理法规，导致其他单位或者个人未缴、少缴或者骗取税款的，由税务机关没收违法所得，可以并处未缴、少缴或者骗取的税款 1 倍以下的罚款。

4.《增值税专用发票使用规定》第八条：增值税一般纳税人有下列情形之一的，不得领购开具增值税专用发票。

（1）会计核算不健全，不能向税务机关准确提供增值税销项税额、进项税额、应纳税额数据及其他有关增值税税务资料的。其他有关增值税税务资料的内容，由省、自治区、直辖市和计划单列市税务局确定。

（2）有《中华人民共和国税收征收管理法》规定的税收违法行为，拒不接受税务机关处理的。

（3）有下列行为之一，经税务机关责令限期改正而仍未改正的：①虚开增值税专用发票；②私自印制增值税专用发票；③向税务机关以外的单位和个人买取增值税专用发票；④借用他人增值税专用发票；⑤未按规定开具增值税专用发票；⑥未按规定保管增值税专用发票和专用设备；⑦未按规定申请办理防伪税控系统变更发行；⑧未按规定接受税务机关检查。

有上述情形的，如已领购增值税专用发票，主管税务机关应暂扣其结存的增值税专用发票和 IC 卡。

（二）非法印制、伪造发票

1.《中华人民共和国发票管理办法》第三十八条：私自印制、伪造、变造发票，非法制造发票防伪专用品，伪造发票监制章的，由税务机关没收违法所得，没收、销毁作案工具和非法物品，并处 1 万元以上5万元以下的罚款；情节严重的，并处5万元以上50万元以下的罚款；对印制发票的企业，可以并处吊销发票准印证；构成犯罪的，依法追究刑事责任。

上述规定的处罚，《中华人民共和国税收征收管理法》有规定的，依照其规定执行。

2. 《中华人民共和国刑法》第二百零六条：伪造或者出售伪造的增值税专用发票的，处3年以下有期徒刑、拘役或者管制，并处2万元以上20万元以下罚金；数量较大或者有其他严重情节的，处3年以上10年以下有期徒刑，并处5万元以上50万元以下罚金；数量巨大或者有其他特别严重情节的，处10年以上有期徒刑或者无期徒刑，并处5万元以上50万元以下罚金或者没收财产。

单位犯该条规定之罪的，对单位判处罚金，并对其直接负责的主管人员和其他直接责任人员，处3年以下有期徒刑、拘役或者管制；数量较大或者有其他严重情节的，处3年以上10年以下有期徒刑；数量巨大或者有其他特别严重情节的，处10年以上有期徒刑或者无期徒刑。

3. 《中华人民共和国刑法》第二百零九条：

（1）伪造、擅自制造或者出售伪造、擅自制造的可以用于骗取出口退税、抵扣税款的其他发票的，处3年以下有期徒刑、拘役或者管制，并处2万元以上20万元以下罚金；数量巨大的，处3年以上7年以下有期徒刑，并处5万元以上50万元以下罚金；数量特别巨大的，处7年以上有期徒刑，并处5万元以上50万元以下罚金或者没收财产。

（2）伪造、擅自制造或者出售伪造、擅自制造的第（1）项规定以外的其他发票的，处2年以下有期徒刑、拘役或者管制，并处或者单处1万元以上5万元以下罚金；情节严重的，处2年以上7年以下有期徒刑，并处5万元以上50万元以下罚金。

（3）非法出售可以用于骗取出口退税、抵扣税款的其他发票的，依照第（1）项规定处罚。

非法出售第（3）项规定以外的其他发票的，依照第（2）项规定处罚。

（三）非法提供发票

1.《中华人民共和国税收征收管理法实施细则》第九十三条：为纳税人、扣缴义务人非法提供银行账户、发票、证明或者其他方便，导致未缴、少缴税款或者骗取国家出口退税款的，税务机关除没收其违法所得外，可以处未缴、少缴或者骗取的税款1倍以下的罚款。

2.《中华人民共和国刑法》第二百零七条：非法出售增值税专用发票的，处3年以下有期徒刑、拘役或者管制，并处2万元以上20万元以下罚金；数量较大的，处3年以上10年以下有期徒刑，并处5万元以上50万元以下罚金；数量巨大的，处10年以上有期徒刑或者无期徒刑，并处5万元以上50万元以下罚金或者没收财产。

（四）非法取得发票

1.《中华人民共和国刑法》第二百零八条：非法购买增值税专用发票或者购买伪造的增值税专用发票的，处5年以下有期徒刑或者拘役，并处或者单处2万元以上20万元以下罚金。

非法购买增值税专用发票或者购买伪造的增值税专用发票又虚开或者出售的，分别依照《中华人民共和国刑法》第二百零五条、第二百零六条、第二百零七条的规定定罪处罚。

2.《中华人民共和国刑法》第二百一十条：

（1）盗窃增值税专用发票或者可以用于骗取出口退税、抵扣税款的其他发票的，依照《中华人民共和国刑法》第二百六十四条的规定定罪处罚。

（2）使用欺骗手段骗取增值税专用发票或者可以用于骗取出口退税、抵扣税款的其他发票的，依照《中华人民共和国刑法》第二百六十六条的规定定罪处罚。

（3）明知是伪造的发票而持有，数量较大的，处2年以下有期徒刑、拘役或者管制，并处罚金；数量巨大的，处2年以上7年以下有期徒刑，并处罚金。

（4）单位犯第（3）项规定的，对单位判处罚金，并对其直接负责的主管人员和其他直接责任人员，依照第（3）项规定处罚。

（五）虚开、非法代开发票

1.《中华人民共和国发票管理办法》第三十七条：违反该办法第二十二条第二款的规定虚开发票的，由税务机关没收违法所得；虚开金额在1万元以下的，可以并处5万元以下的罚款；虚开金额超过1万元的，并处5万元以上50万元以下的罚款；构成犯罪的，依法追究刑事责任。

非法代开发票的，依照上述规定处罚。

2.《中华人民共和国刑法》第二百零五条：

（1）虚开增值税专用发票或者虚开用于骗取出口退税、抵扣税款的其他发票的，处3年以下有期徒刑或者拘役，并处2万元以上20万元以下罚金；虚开的税款数额较大或者有其他严重情节的，处3年以上10年以下有期徒刑，并处5万元以上50万元以下罚金；虚开的税款数额巨大或者有其他特别严重情节的，处10年以上有期徒刑或者无期徒刑，并处5万元以上50万元以下罚金或者没收财产。

单位犯该条规定之罪的，对单位判处罚金，并对其直接负责的主管人员和其他直接责任人员，处3年以下有期徒刑或者拘役；虚开的税款数额较大或者有其他严重情节的，处3年以上10年以下有期徒刑；虚开的税款数额巨大或者有其他特别严重情节的，处10年以上有期徒刑或者无期徒刑。

虚开增值税专用发票或者虚开用于骗取出口退税、抵扣税款的其他发票，是指有为他人虚开、为自己虚开、让他人为自己虚开、介绍他人虚开行为之一的。

（2）虚开第（1）项规定以外的其他发票，情节严重的，处2年以下有期徒刑、拘役或者管制，并处罚金；情节特别严重的，处2年以上7年以下有期徒刑，并处罚金。

单位犯第（2）项规定的，对单位判处罚金，并对其直接负责的主管人员和其他直接责任人员，依照第（2）项规定处罚。

（六）恶意取得虚开增值税专用发票

根据《国家税务总局关于纳税人取得虚开的增值税专用发票处理问题的通知》（国税发〔1997〕134号）精神：

（1）受票方利用他人虚开的增值税专用发票，向税务机关申报抵扣税款进行偷税的，应当依照《中华人民共和国税收征收管理法》及有关规定追缴税款，处以偷税数额5倍以下的罚款；进项税额大于销项税额的，还应当调减其留抵的进项税额。利用虚开的增值税专用发票进行骗取出口退税的，应当依法追缴税款，处以骗税数额5倍以下的罚款。

（2）在货物交易中，购货方从销售方取得第三方开具的增值税专用发票，或者从销货地以外的地区取得增值税专用发票，向税务机关申报抵扣税款或者申请出口退税的，应当按偷税、骗取出口退税处理，依照《中华人民共和国税收征收管理法》及有关规定追缴税款，处以偷税、骗税数额5倍以下罚款。

（3）纳税人以上述第（1）项、第（2）项所列的方式取得虚开增值税专用发票未申报抵扣税款，或者未申请出口退税的，应当依照《中华人民共和国发票管理办法》及有关规定，按所取得增值税专用发票的份数，分别处以1万元以下的罚款；但知道或者应当知道取得的是虚开的增值税专用发票，或者让他人为自己提供虚开的增值税专用发票的，应该从重处罚。

（4）利用虚开的增值税专用发票进行偷税、骗税，构成犯罪的，税务机关依法进行追缴税款等行政处理，并移送司法机关按《全国人民代表大会常务委员会关于惩治虚开、伪造和非法出售增值税专用发票犯罪的决定》和《中华人民共和国刑法》的有关规定追究刑事责任。

第 15 课 申报缴税及风险提示

申报缴税是指纳税人依照税收法律、法规的规定或主管税务机关依法确定的申报期限，将实现的税款依法采取规定的方式向税务机关申报和缴纳入库的过程。本节将介绍申报缴纳税款的要点和应注意的相关风险。

一、纳税申报方式

现行纳税申报方式主要有以下三种：

（1）直接申报：纳税人在规定的申报期限内，到税务机关的办税服务厅报送纳税申报表，代扣代缴、代收代缴税款报告表等有关资料。

（2）邮寄申报：纳税人经税务部门批准，使用统一的纳税申报专用信封，并以邮政部门收据作为申报凭据。邮寄申报以寄出的邮戳日期为实际申报日期。

（3）数据电文申报：纳税人通过电子税务局办理纳税申报。申报日期以税务机关计算机网络系统收到该数据电文的时间为准。

二、税款缴纳方式

（1）转账缴税。纳税人根据税务机关填制的缴款书，通过开户银行转账缴纳税款。

（2）网上缴税。纳税人在电子税务局“税费缴纳模块”选择三方协议缴税或银联在线缴税等发起缴税指令，通过“财税库银横向联网系统”从纳税人指定的银行账号中扣缴税款。

（3）委托集中缴税。若纳税人是采用定期定额征收方式的个体工商户，可以委托税务机关在申报期内集中发起申报缴税指令，通过“财税库银横向联网系统”从自己指定的银行账号中扣缴定额税款，同时完成纳税申报。这种方式也称“集中划缴”。

（4）POS 机刷卡缴税。纳税人在办理缴纳税款时，通过税务机关办税窗口的终端网络与银联公司的主机系统连接，将标有银联标志的银行卡在 POS 机上“刷卡”并确认有关信息（交易金额、密码等），从而完成税款缴纳。

（5）办税服务厅柜台电子缴税。纳税人到办税服务厅，委托税务机关从税收征收管理信息系统直接发起税款转账。税收征收管理信息系统与“财税库银横向联网系统”连接，缴税指令通过“财税库银横向联网系统”从纳税人指定的银行账号中扣缴税款。

（6）移动终端缴税。纳税人可以使用微信、支付宝等方式移动支付，实时缴税。

（7）现金缴税。纳税人持现金到税务机关办税服务厅缴税，税务机关收款后为纳税人开具税收完税证明。

三、经常性申报缴税事项

经常性申报缴税事项，是指持续经营的纳税人在生产经营过程中，依照法律法规和相关政策规定需要定期向税务机关申报，报送其在一定时间内的生产经营情况，履行纳税义务、代扣代缴和代收代缴义务的事项。具体包括：增值税及附加税费的申报缴纳、消费税及附加税费的申报缴纳、居民企业所得税申报缴纳、个人所得税申报缴纳等经常性申报事项。

（一）增值税小规模纳税人税费申报缴纳

增值税小规模纳税人在申报缴纳增值税的同时，应将附加税费（如城市维护建设税、教育费附加、地方教育附加）一并申报缴纳。

增值税小规模纳税人原则上按季度申报增值税（每年 1 月、4 月、7 月、10 月申报上一季度增值税），季度终了 15 日内进行纳税申报，遇法定节假日，按规定顺延。纳税人要求不实行按季申报的，由主管税务机关根据其应纳税额大小核定纳税期限。

报送资料 <<<<<<

（1）《增值税及附加税费申报表（小规模纳税人适用）》及其附列资料 2 份。

（2）机动车经销企业的纳税人，需要报送已开具发票的存根联[报送要求由省（自治区、直辖市）和计划单列市税务机关确定]。

（3）不使用网络办税或不具备网络条件的纳税人，需要报送金税盘、税控盘或税务 UKey。

（4）实行预缴方式缴纳电力产品增值税的纳税人，需报送电力企业增值税销项税额和进项税额传递单 1 份。

（二）增值税一般纳税人税费申报缴纳

依法进行了增值税一般纳税人登记的纳税人，应准确核算销项税额、进项税额、应纳税额，依法办理增值税一般纳税人申报，并将随正税附征的税费（如城市维护建设税、教育费附加、地方教育附加）一并申报缴纳。

增值税一般纳税人以 1 个月为纳税期限，自期满之日起 15 日内申报纳税（遇节假日顺延）。银行、财务公司、信托投资公司、信用社以及财政部和国家税务总局规定的其他纳税人，以 1 个季度为纳税期限。

报送资料 <<<<<<

(1)《增值税及附加税费申报表(一般纳税人适用)》及其附列资料 2 份。

(2) 不使用网络办税或不具备网络条件的纳税人，需要报送金税盘、税控盘或税务 UKey。

(3) 实行预缴方式缴纳电力产品增值税的纳税人，需报送电力企业增值税销项税额和进项税额传递单 1 份。

(4) 处于辅导期的增值税一般纳税人需报送《稽核结果比对通知书》1 份。

(5) 增值税一般纳税人发生代扣代缴事项，需报送《代扣代缴税收通用缴款书抵扣清单》1 份。

(6) 各类汇总纳税企业，需报送《分支机构增值税汇总纳税信息传递单》1 份。

(7) 其他特定涉税行为需要报送的资料。例如，资产重组产生的进项税额转移、销售不动产和无形资产、部分行业试行农产品增值税进项税额核定扣除办法等，都有相关的资料需要报送。

(三) 增值税预缴申报

纳税人有下列情形之一的，应预缴增值税。

(1) 纳税人(不含其他个人)跨地(市、州)提供建筑服务。

(2) 纳税人(不含其他个人)出租与机构所在地不在同一县(市)的不动产。

(3) 房地产开发企业预售自行开发的房地产项目。

(4) 纳税人(不含其他个人)转让其取得的不动产。

报送资料 <<<<<<

(1)《增值税及附加税费预缴表》2份。

(2) 跨地(市、州)提供建筑服务的纳税人(不含其他个人),需报送"与发包方签订的建筑合同复印件(加盖纳税人公章)""与分包方签订的合同复印件(加盖纳税人公章)""从分包方取得的发票复印件(加盖纳税人公章)"。

要点提示 <<<<<<

增值税预缴申报办税服务厅(场所)的选择:

(1) 纳税人(不含其他个人)跨地(市、州)提供建筑服务,在建筑服务发生地税务机关办税服务厅(场所)办理。

(2) 纳税人(不含其他个人)出租与机构所在地不在同一县(市)的不动产,在不动产所在地税务机关办税服务厅(场所)办理。

(3) 房地产开发企业预售自行开发的房地产项目,在主管税务机关办税服务厅(场所)办理。

(4) 纳税人提供建筑服务取得预收款,在建筑服务发生地税务机关办税服务厅(场所)办理;无须在建筑服务发生地预缴增值税的项目,在机构所在地税务机关办税服务厅(场所)办理。

(5) 纳税人(不含其他个人)转让其取得的不动产,在不动产所在地主管税务机关办税服务厅(场所)办理。

(四) 消费税及附加税费申报缴纳

消费税的纳税期限分别为1日、3日、5日、10日、15日、1个月或者1个季度。纳税人的具体纳税期限,由主管税务机关根据纳税人应纳税额的大小分别核定;不能按照固定期限纳税的,可以按次纳税。

纳税人以1个月或者1个季度为1个纳税期的，自期满之日起15日内申报纳税；以1日、3日、5日、10日或者15日为1个纳税期的，自期满之日起5日内预缴税款，于次月1日起15日内申报纳税并结清上月应纳税款。

纳税人进口应税消费品，应当自海关填发《海关进口消费税专用缴款书》之日起15日内缴纳税款。

纳税人在申报缴纳消费税的同时，应将附加税费（如城市维护建设税、教育费附加、地方教育附加）一并申报缴纳。

报送资料

（1）《消费税及附加税费申报表》2份。

（2）委托方以高于受托方的计税价格出售应税消费品时，需报送《代扣代收税款凭证》复印件1份。

（3）白酒生产企业，需报送《已核定最低计税价格白酒清单》1份。

（4）纳税人以进口的已税（消费税）消费品连续生产应税消费品，需报送《海关进口消费税专用缴款书》复印件1份。

（五）企业所得税申报缴纳

本书仅介绍居民企业所得税申报缴纳相关事项。

1. 企业所得税预缴

不论是实行查账征收的居民企业，还是实行核定征收的居民企业，都应当自月份或者季度终了之日起15日内，向主管税务机关报送企业所得税纳税月（季）度预缴申报表，并预缴税款。

报送资料

（1）实行查账征收方式的居民企业，需要报送的资料。

①《中华人民共和国企业所得税月（季）度预缴纳税申报表（A

类)》2 份。

②有直接管理的跨地区设立的项目部的建筑企业总机构，需报送“建筑企业总机构直接管理的跨地区经营项目部就地预缴税款的完税证明”1 份，原件查验后退回。

③跨省、自治区、直辖市和计划单列市设立的，实行汇总纳税办法的居民企业（分支机构），需报送《企业所得税汇总纳税分支机构所得税分配表》复印件 1 份。(经总机构所在地税务机关受理的)

④符合条件的境外投资居民企业，需报送《居民企业参股外国企业信息报告表》1 份。

⑤适用股权激励和技术入股递延纳税政策的企业，需报送《技术成果投资入股企业所得税递延纳税备案表》1 份。(投资完成后首次预缴申报时报送)

（2）实行核定征收方式的居民企业，需要报送的资料。

①《中华人民共和国企业所得税月（季）度预缴和年度纳税申报表（B 类，2018 年版)》2 份。

②符合条件的境外投资居民企业，需报送《居民企业参股外国企业信息报告表》1 份。

2. 企业所得税年度汇算清缴（年度申报）

企业所得税年度汇算清缴，是指实行查账征收方式的纳税人在纳税年度终了后，在规定时间内，依照税收法律、法规、规章及其他有关企业所得税的规定，自行计算全年应纳税所得额和应纳所得税额，根据月度或季度预缴的所得税税额，确定该年度应补或者应退税额，向主管税务机关办理企业所得税年度纳税申报，并提供税务机关要求提供的有关资料、结清全年企业所得税税款的行为。

报送资料 <<<<<<

(1)《中华人民共和国企业所得税年度纳税申报表（A 类，2017

年版)》。

(2) 财务报表。

(3) 备案事项相关资料。

(4) 总机构及分支机构基本情况、分支机构征税方式、分支机构的预缴税情况。

(5) 委托中介机构代理纳税申报的,应出具双方签订的代理合同,并附送中介机构出具的包括纳税调整的项目、原因、依据、计算过程、调整金额等内容的报告。

(6) 涉及关联方业务往来的,同时报送《中华人民共和国企业年度关联业务往来报告表》。

(7) 主管税务机关要求报送的其他有关资料。

3. 清算企业所得税申报

纳税人有下列情形之一的,应办理居民企业清算所得税申报:

(1) 因解散、破产、重组等原因终止生产经营活动的纳税人,应在办理注销登记之前,以整个清算期间作为一个纳税年度,计算清算所得及其应纳所得税,在清算结束之日起 15 日内办理申报。

(2) 不再持续经营的纳税人,应在办理注销登记之前,以整个清算期间作为一个纳税年度,计算清算所得及其应纳所得税,在清算结束之日起 15 日内办理申报。

(3) 企业由法人转变为个人独资企业、合伙企业等非法人组织,或登记注册地转移至中华人民共和国境外(包括港澳台地区),应在办理注销登记之前,以整个清算期间作为一个纳税年度,计算清算所得及其应纳所得税,在清算结束之日起 15 日内办理申报。

报送资料 <<<<<<

(1)《中华人民共和国企业清算所得税申报表》2 份。

(2) 企业由法人转变为个人独资企业、合伙企业等非法人组织,或将登记企业注册地转移至中华人民共和国境外（包括港澳台地区），需报送企业改变法律形式的市场监督管理部门或其他政府部门的批准文件复印件1份，企业全部资产的计税基础以及评估机构出具的资产评估报告复印件1份，企业债权、债务处理或归属情况说明书复印件1份。

要点提示 <<<<<<

（1）企业在纳税年度内无论盈利或者亏损，都应当向税务机关报送预缴企业所得税纳税申报表、年度企业所得税纳税申报表、财务会计报告和税务机关规定应当报送的其他有关资料。

（2）符合享受企业所得税优惠条件的纳税人，采取"自行判别、申报享受、相关资料留存备查"的办理方式，通过填报企业所得税纳税申报表享受税收优惠。

（六）个人所得税申报缴纳

1. 居民个人取得综合所得个人所得税预扣预缴

个人所得税以向个人支付所得的单位（或个人）为扣缴义务人。居民个人取得综合所得，按年计算个人所得税；有扣缴义务人的，由扣缴义务人按月或者按次预扣预缴税款。扣缴义务人每月或者每次预扣、代扣税款，应当在次月15日内向税务机关申报缴纳。

报送资料 <<<<<<

（1）《个人所得税扣缴申报表》2份。

（2）首次办理扣缴申报或扣缴义务人信息变更后，需报送《个人所得税基础信息表（A表）》2份。

（3）有依法确定的其他扣除，需报《商业健康保险税前扣除情况明细表》《个人税收递延型商业养老保险税前扣除情况明细表》等相关扣除资料1份。

(4) 选择在工资、薪金所得预扣预缴个人所得税时享受专项附加扣除，须报送《个人所得税专项附加扣除信息表》1份。

(5) 企业存在股权激励和股票期权职工行权，需报送“公司股权激励人员名单”1份。

2. 居民个人取得分类所得个人所得税代扣代缴

扣缴义务人向居民个人支付利息、股息、红利所得，财产租赁所得，财产转让所得或者偶然所得时，应当按月或按次代扣代缴个人所得税，在次月15日内向主管税务机关申报缴纳。

报送资料 <<<<<<

(1)《个人所得税扣缴申报表》2份。

(2) 首次办理扣缴申报或扣缴义务人信息变更后，需报送《个人所得税基础信息表（A表）》2份。

(3) 纳税人存在减免个人所得税情形，需报送《个人所得税减免税事项报告表》1份。

3. 经营所得个人所得税月（季）度申报缴纳

纳税人取得经营所得，以每一纳税年度的收入总额减除成本、费用以及损失后的余额，为应纳税所得额，按年计算个人所得税，纳税人应当在月度或季度终了后15日内填报《个人所得税经营所得纳税申报表（A表）》及其他相关资料。

报送资料 <<<<<<

(1)《个人所得税经营所得纳税申报表（A表）》2份（合伙企业有多个自然人合伙人的，应分别填报本表）。

(2) 纳税人存在减免个人所得税情形，需报送《个人所得税减免税事项报告表》1份。

(3) 有依法确定的其他扣除，须报《商业健康保险税前扣除情况明细表》《个人税收递延型商业养老保险税前扣除情况明细表》等相关扣除资料1份。

(七) 财务会计报告报送

纳税人无论有无应税收入、所得和其他应税项目或者在减免税期间，均应依照《中华人民共和国税收征收管理法》第二十五条的规定，按其所适用的会计制度编制财务会计报表，并按规定的时限向主管税务机关报送；其所适应的会计制度规定需要编报相关附表，以及会计报表附注、财务情况说明书、审计报告的，纳税人留存备查，税务机关有其他规定的除外。

纳税人的财务会计报表原则上按季度和年度报送，确需按月报送的，由省税务机关确定。纳税人经批准延期办理纳税申报的，其财务会计报表报送期限可以顺延。

报送资料

下面仅列举执行小企业会计准则、执行农民专业合作社财务会计制度、执行个体工商户会计制度三类纳税人需要报送的资料。

(1) 执行小企业会计准则的纳税人需报送的资料。

①《资产负债表（适用执行小企业会计准则的企业)》1份。

②《利润表_月报（适用执行小企业会计准则的企业)》1份（报送期限为月报的纳税人)；《利润表_年报（适用执行小企业会计准则的企业)》1份（报送期限为年报的纳税人)。

③《现金流量表_月报（适用执行小企业会计准则的企业)》1份。

④《现金流量表_年报（适用执行小企业会计准则的企业)》1份。

(2) 执行农民专业合作社财务会计制度的纳税人需报送的资料。

①《资产负债表（适用执行农民专业合作社财务会计制度的单位)》1 份。

②《盈余及盈余分配表（适用执行农民专业合作社财务会计制度的单位)》1 份。

③《成员权益变动表（适用执行农民专业合作社财务会计制度的单位)》1 份。

(3) 执行个体工商户会计制度的纳税人需报送的资料。

①《资产负债表（适用执行个体工商户会计制度的单位)》1 份。

②《应税所得表（适用执行个体工商户会计制度的单位)》1 份。

③留存利润表（适用执行个体工商户会计制度的单位）1 份。

（八）其他经常性申报

1. 单位社会保险费申报

社会保险费单位缴费人应当依法律、行政法规规定或者税务机关依照法律、行政法规规定确定的申报期限、申报内容，申报缴纳社会保险费（省、自治区、直辖市另有规定的，按其规定执行）。

报送资料 <<<<<<

(1) 自行申报缴纳社会保险费的单位缴费人需报送的资料。

①《社会保险费缴费申报表（适用于单位缴费人)》2 份。

②采取社会保险费明细管理地区的单位缴费人，需报送《社会保险费缴费明细申报表（适用职工个人)》2 份。

(2) 自行申报缴纳工程项目工伤保险费的单位缴费人需报送的资料。

《社会保险费缴费申报表（适用工程项目工伤保险)》2 份。

(3) 依据社保经办机构核定应缴费额缴纳社会保险费的单位缴费人，需报送的资料。

《社会保险费核定通知单》2 份。

（4）有其他特殊情形的，缴费人需按照主管税务机关的要求提供相关资料。

要点提示

（1）单位缴费人一般按月申报缴纳社会保险费。

（2）单位缴费人申报缴纳社会保险费主要有两种方式：一是缴费人自行向税务机关申报缴纳，二是缴费人依据社保经办机构核定的应缴费额向税务机关缴纳。具体申报缴纳方式以当地政策为准。

（3）当税务机关信息系统可以接收到社保经办机构核定的应征数据时，缴费人无须提供《社会保险费核定通知单》。

（4）职工个人应当缴纳的社会保险费由所在单位代扣代缴。

2. 残疾人就业保障金申报

安排残疾人就业达不到所在地省、自治区、直辖市人民政府规定比例的用人单位，依照法律法规的规定向税务机关办理残疾人就业保障金缴费申报。

报送资料

《残疾人就业保障金缴费申报表》2 份。

要点提示

自 2020 年 1 月 1 日起，残疾人就业保障金征收标准上限，按照当地社会平均工资 2 倍执行。当地社会平均工资按照所在地城镇非私营单位就业人员平均工资和城镇私营单位就业人员平均工资加权计算。

残疾人就业保障金按上年用人单位安排残疾人就业未达到规定比例的差额人数和本单位在职职工年平均工资（或当地社会平均工资的 2 倍，取低值）之积计算缴纳。计算公式如下：残疾人就业保障金年缴纳额 =（上年用人单位在职职工人数 × 所在地省、自治区、直辖市人民政府规定的安排残疾人就业比例 – 上年用人单位实际安排的残疾人就业人数）× 上年用人单位在职职工年平均工资（或当地社会平均工资的 2 倍，取低值）

3. 文化事业建设费申报

在中华人民共和国境内提供广告服务的广告媒介单位和户外广告经营单位，以及提供娱乐服务的单位和个人为文化事业建设费缴费义务人，费率为3%，计费依据是计费销售额。文化事业建设费的申报期限与缴纳人、扣缴义务人的增值税申报期限相同（增值税小规模纳税人缴纳文化事业建设费，原则上实行按季申报）。扣缴义务人应当向其机构所在地或者居住地主管税务机关申报缴纳其扣缴的文化事业建设费。

报送资料 <<<<<<

（1）《文化事业建设费申报表》2 份。

（2）从提供相关应税服务所取得的全部含税价款和价外费用中减除有关价款的提供广告服务的纳税人，需报送《应税服务减除项目清单》2 份。

要点提示 <<<<<<

（1）广告服务的计费销售额，指的是缴纳义务人提供广告服务取得的全部含税价款和价外费用，减除支付给其他广告公司或广告发布者的含税广告发布费后的余额。缴纳义务人减除价款的，应当取得增值税专用发票或国家税务总局规定的其他合法有效凭证，否则，不得减除。

（2）娱乐服务计费销售额，指的是缴纳义务人提供娱乐服务取得的全部含税价款和价外费用。

（3）增值税小规模纳税人月销售额不超过 2 万元（按季纳税不超

过6万元）的企业和非企业性单位提供的应税服务，免征文化事业建设费。

（4）提供娱乐服务的单位和个人，未达到增值税起征点的，免征文化事业建设费。

（5）自2019年7月1日至2024年12月31日，对归属中央收入的文化事业建设费，按照缴纳义务人应缴费额的50%减征；对归属地方收入的文化事业建设费，各省（区、市）财政、党委宣传部门可以结合当地经济发展水平、宣传思想文化事业发展等因素，在应缴费额50%的幅度内减征。

四、条件性申报缴税事项

条件性申报缴税事项是指纳税人在持续生产经营活动中，因发生特定涉税行为，或生产经营行为涉及特殊行业，依法应在规定时间内向税务机关申报办理的缴税事项。主要包括以下税种和涉税事项：印花税、契税、房产税、土地增值税、城镇土地使用税、耕地占用税、车船税、车辆购置税、资源税、环境保护税以及出口货物退（免）税申报。

（一）印花税申报缴纳

印花税实行按季、按年计征的，纳税人应当自季度、年度终了之日起15日内申报缴纳税款；实行按次计征的，纳税人应当自纳税义务发生之日起15日内申报缴纳税款。证券交易印花税扣缴义务人应当自每周终了之日起5日内申报解缴税款以及银行结算的利息。

报送资料 <<<<<<

（1）《财产和行为税纳税申报表》2份。

(2)《印花税税源明细表》2 份。

(3) 享受印花税优惠的纳税人，需报送《财产和行为税减免税明细申报附表》2 份。

要点提示 <<<<<<

(1) 印花税可以采用粘贴印花税票或者由税务机关依法开具其他完税凭证的方式缴纳。

(2) 印花税票粘贴在应税凭证上的，由纳税人在每枚税票的骑缝处盖戳注销或者画销。

(3) 印花税票由国务院税务主管部门监制。

(二) 契税申报缴纳

纳税人应当在依法办理土地、房屋权属登记手续前，到土地、房屋所在地税务机关或当地政务中心相关柜台申报缴纳契税。

报送资料 <<<<<<

(1)《财产和行为税纳税申报表》2 份。

(2)《契税税源明细表》2 份。

(3) 不动产权属转移合同原件及复印件 1 份，原件查验后退回。

(4) 经办人身份证件原件，查验后退回。

(5) 享受契税优惠的纳税人，需报送《财产和行为税减免税明细申报表附表》2 份。

(6) 交付经济利益方式转移土地、房屋权属，土地、房屋权属转移相关价款支付凭证原件及复印件 1 份，其中：土地使用权出让为财政票据，土地使用权出售、互换和房屋买卖、互换为增值税发票。原件查验后退回。

(7) 因人民法院、仲裁委员会的生效法律文书或监察机关出具的监察文书等因素发生土地、房屋权属转移，需报送生效法律文书或监察文书等原件及复印件1份，原件查验后退回。

（8）根据人民法院、仲裁委员会的生效法律文书发生土地、房屋权属转移，纳税人不能取得销售不动产发票，需报送人民法院、仲裁委员会的生效法律文书原件和复印件1份，以及人民法院执行裁定书等原件及复印件1份，原件查验后退回。

要点提示 <<<<<<

纳税人办理契税纳税事宜后，税务机关应当开具契税完税凭证，纳税人办理土地、房屋权属登记，不动产登记机构应当查验契税完税、减免税凭证或者有关信息。未按照规定缴纳契税的，不动产登记机构不予办理土地、房屋权属登记。

在依法办理土地、房屋权属登记前，权属转移合同、权属转移合同性质凭证不生效、无效、被撤销或者被解除的，纳税人可以向税务机关申请退还已缴的税款。

（三）房产税申报缴纳

在城市、县城、建制镇、工矿区范围内的房产税纳税义务人，应当在省、自治区、直辖市人民政府规定的纳税期限内，到房产所在地税务机关办理房产税申报缴纳。房产不在同一地方的纳税人，应按房产的坐落地点分别向房产所在地的税务机关申报纳税。

报送资料 <<<<<<

（1）《财产和行为税纳税申报表》2份。

（2）首次申报或税源信息发生变化的，需报送《城镇土地使用税、房产税税源明细表》2份。

（3）享受税收优惠的纳税人，需报送《财产和行为税减免税明细申报附表》2 份。

（四）土地增值税申报缴纳

纳税人应当自转让房地产合同签订之日起 7 日内向房地产所在地主管税务机关办理纳税申报，并在税务机关核定的期限内缴纳土地增值税。纳税人因经常发生房地产转让而难以在每次转让后申报的，经税务机关审核同意后，可以定期进行纳税申报，具体期限由税务机关根据情况确定。土地增值税申报可分为预征申报、清算申报、清算后尾盘销售土地增值税申报和转让旧房及建筑物土地增值税申报四种。

1. 土地增值税预征申报

纳税人在项目竣工结算前转让房地产取得的收入，由于涉及成本确定或其他原因，而无法据以计算土地增值税的，可以预征土地增值税。应按照本省税务局规定的期限，向当地税务机关进行申报缴纳土地增值税。

报送资料

（1）《财产和行为税纳税申报表》2 份。

（2）《土地增值税税源明细表（从事房地产开发的纳税人预缴适用）》2 份。

（3）享受税收优惠的纳税人，需报送《财产和行为税减免税明细申报附表》2 份。

2. 土地增值税清算申报

从事房地产开发的纳税人有下列情形之一的，应办理土地增值税清算申报：

（1）房地产开发项目全部竣工，完成销售的；

（2）整体转让未竣工决算房地产开发项目的；

（3）直接转让土地使用权的。

报送资料

（1）《财产和行为税纳税申报表》2 份。

（2）预售许可证等转让房地产的收入、成本和费用有关资料原件及复印件 1 份，原件查验后退回。

（3）办理房地产开发项目土地增值税清算的纳税人，需报送房地产开发项目清算说明、项目竣工决算报表复印件、银行贷款利息结算通知书原件和复印件、商品房购销合同统计表、房地产销售明细表 1 份，原件查验后退回。（整体转让在建工程的纳税人视情况报送）

（4）整体转让在建工程的纳税人，需报送《土地增值税税源明细表（纳税人整体转让在建工程适用）》2 份。

（5）需要进行相关成本费用扣除的纳税人，需报送取得土地使用权所支付的地价款凭证原件和复印件、国有土地使用权出让合同原件和复印件 1 份，原件查验后退回。

（6）主管税务机关需要相应项目记账凭证的，需报送记账凭证复印件 1 份。

（7）享受土地增值税优惠的项目，需报送《财产和行为税减免税明细申报附表》2 份，减免土地增值税证明材料原件及复印件 1 份，原件查验后退回。

（8）由各地根据本地实际情况制定的《土地增值税清算附表》2 份。

（9）进行土地增值税清算申报核定征收的纳税人，需报送《土地增值税税源明细表（从事房地产开发的纳税人按核定征收方式清算适用）》2 份。

（10）进行土地增值税清算申报查账征收的纳税人，需报送《土地增值税税源明细表（从事房地产开发的纳税人清算适用）》2 份。

3. 清算后尾盘销售土地增值税申报

从事房地产开发的纳税人在土地增值税清算时未转让的房地产，

清算后销售或有偿转让的，应办理尾盘销售土地增值税纳税申报。

报送资料 <<<<<<

（1）《财产和行为税纳税申报表》2 份。

（2）《土地增值税税源明细表（从事房地产开发的纳税人清算后尾盘销售适用）》2 份。

（3）享受土地增值税优惠的项目，需报送《财产和行为税减免税明细申报附表》2 份，减免土地增值税证明材料原件及复印件 1 份，原件查验后退回。

4. 转让旧房及建筑物土地增值税申报

非从事房地产开发的纳税人转让房地产，应办理旧房转让土地增值税申报。

从事房地产开发的纳税人开发产品转为自用、出租等用途且已达到主管税务机关旧房界定标准后，又将该旧房对外销售的，应办理旧房转让土地增值税申报。

报送资料 <<<<<<

（1）《财产和行为税纳税申报表》2 份。

（2）不动产权属资料、房产买卖合同、房地产评估报告原件及复印件 1 份。

（3）核定征收的纳税人，需报送《土地增值税税源明细表（转让旧房及建筑物的纳税人核定征收适用）》2 份。

（4）享受土地增值税优惠的项目，需报送《财产和行为税减免税明细申报附表》2 份，减免土地增值税证明材料原件及复印件 1 份，原件查验后退回。

（五）城镇土地使用税申报缴纳

城镇土地使用税按年计算、分期缴纳。纳税人在省、自治区、直辖市人民政府规定的申报缴纳期限内办理城镇土地使用税的申报缴纳。

报送资料 <<<<<<

（1）《财产和行为税纳税申报表》2 份。

（2）首次申报或土地信息发生变更时，需报送《城镇土地使用税、房产税税源明细表》2 份。

（3）享受税收优惠的纳税人，需报送《财产和行为税减免税明细申报附表》2 份。

（六）耕地占用税申报缴纳

纳税人占用应税耕地，应当在农用地转用环节纳税，且应在纳税义务行为发生之日起 30 日内申报缴纳耕地占用税。

报送资料 <<<<<<

（1）《财产和行为税纳税申报表》2 份。

（2）《耕地占用税税源明细表》2 份。

（3）经办人身份证件原件，查验后退回。

（4）享受耕地占用税优惠的纳税人，需报送《财产和行为税减免税明细申报附表》2 份。

（5）经批准占用应税土地，需报送农用地转用审批文件复印件或临时占用耕地批准文件复印件 1 份。

（6）未经批准占用应税土地，需报送实际占地的相关证明材料复印件 1 份。

（七）车船税申报缴纳

在保险机构办理应税车辆、船舶保险时，纳税人未通过保险机构代缴车船税的，应税车辆的所有人或者管理人应当自行办理车船税申报。

报送资料 <<<<<<<

（1）《财产和行为税纳税申报表》2 份。

（2）首次申报或税源信息发生变化的，需报送《车船税税源明细表》2 份。

（3）享受车船税优惠的纳税人，需报送《财产和行为税减免税明细申报附表》2 份。

要点提示 <<<<<<<

已由从事机动车交通事故责任强制保险业务的保险机构代收代缴车船税的纳税人，不需要再向车辆登记地的主管税务机关申报缴纳车船税。

由从事机动车交通事故责任强制保险业务的保险机构代收代缴车船税是最省心的纳税途径。

（八）车辆购置税申报缴纳

纳税人应当自纳税义务发生之日起 60 日内向车辆登记地的主管税务机关申报缴纳车辆购置税。

报送资料 <<<<<<<

（1）《车辆购置税申报表》2 份。

（2）整车出厂合格证或者《车辆电子信息单》1 份，查验后退回。

（3）车辆相关价格凭证 1 份，其中境内购车为机动车销售统一发票或其他有效凭证，进口自用车辆为海关进口关税专用缴款书或者海关进口货物免税证明，属于应征消费税车辆的还包括海关进口消费税专用缴款书。

(4) 免税、减税车辆因发生二手车交易行为，不再属于免税、减税范围的，需报送二手车销售统一发票原件及复印件 1 份，原件查验后退回。

(5) 免税、减税车辆因转让、改变用途等原因不再属于免税、减税范围（非二手车交易的其他情形），按照相关规定提供申报资料 1 份。

要点提示 <<<<<<

不需要办理车辆登记的，单位纳税人向其机构所在地的主管税务机关申报纳税；个人纳税人向其户籍所在地或者常住地税务机关申报纳税。

纳税人办理车辆购置税纳税业务时，税务机关不再出具《车辆购置税完税证明》。纳税人到公安机关交通管理部门办理车辆注册登记时，不需要提交纸质《车辆购置税完税证明》。纳税人如需纸质《车辆购置税完税证明》，可向税务机关提出，由税务机关打印《车辆购置税完税证明（电子版）》，也可通过电子税务局查询和打印。

（九）资源税申报缴纳

资源税按月或按季申报缴纳；不能按固定期限缴纳的，可以按次申报缴纳。纳税人按月或按季申报缴纳的，应当自月度或季度终了之日起 15 日内，向税务机关办理申报并缴纳税款；按次申报缴纳的，应当在纳税义务发生之日起 15 日内，向税务机关办理申报并缴纳税款。

报送资料 <<<<<<

(1)《财产和行为税纳税申报表》2 份。

(2)《资源税税源明细表》2 份。

(3) 享受资源税优惠的纳税人，需报送《财产和行为税减免税明细申报表附表》2 份。

要点提示 <<<<<<

水资源税纳税义务发生时间为纳税人取用水资源的当日，除农业生产取用水外，按季或者按月征收（对超过规定限额的农业生产取用水可按年征收），不能按固定期限计算纳税的可以按次申报纳税，自纳税期满或者纳税义务发生之日起 15 日内向税务机关申报纳税。纳税申报报送资料，按省税务局的要求办理。

（十）环境保护税申报缴纳

环境保护税的纳税义务发生时间为纳税人排放应税污染物的当日。环境保护税按月计算、按季申报缴纳。纳税人按季申报缴纳的，应当自季度终了之日起 15 日内向污染排放地的税务机关办理纳税申报并缴纳税款。纳税人不能按固定期限计算缴纳的，可以按次申报缴纳，应当自纳税义务发生之日起 15 日内向污染排放地的税务机关办理纳税申报并缴纳税款。

报送资料 <<<<<<

（1）《财产和行为税申报表》2 份。

（2）《环境保护税税源明细表》2 份。

（3）享受环境保护税优惠的纳税人，需报送《财产和行为税减免税明细表附表》2 份。

要点提示 <<<<<<

纳税人基础信息发生变化的，应在基础信息发生变化当季的纳税申报期结束前，向主管税务机关申报办理变更手续。

五、特殊涉税申报事项

特殊涉税申报事项是指纳税人在持续生产经营活动中较少发生，仅在发生特定业务或涉及特殊情形时，需要依法向税务机关申请办理的事项。主要包括：延期申报、延期缴纳税款、申报错误更正、申请变更纳税定额、退（抵）税办理、委托代征报告。

（一）延期申报

纳税人、扣缴义务人按照规定的期限办理纳税申报或者报送代扣代缴、代收代缴税款报告表确有困难的，应当向主管税务机关提出书面申请，经主管税务机关核准，在核准的期限内办理申报。

纳税人、扣缴义务人因不可抗力不能按期办理纳税申报或者报送代扣代缴、代收代缴税款报告表的，应当在不可抗力情形消除后立即向税务机关报告；因其他原因，按照规定的期限办理纳税申报或者报送代扣代缴、代收代缴税款报告表确有困难，需要延期的，应当在申报期限内提出延期申请。

报送资料 <<<<<<

（1）《延期申报申请表》1 份。

（2）经办人身份证件原件，查验后退回。

（3）委托代理人提出申请，需报送《代理委托书》1 份，代理人身份证件原件，查验后退回。

办理结果：

（1）符合法定条件的，主管税务机关出具加盖本税务机关印章或者税收业务专用章的《延期申报通知书》，同时根据《中华人民共和国税收征收管理法》第二十七条第二款规定确定预缴税额，一并通知申请人。

（2）不符合法定条件的，主管税务机关出具加盖本税务机关印章或者税收业务专用章的《不予延期申报通知书》，并应当说明理由，告知申请人享有申请行政复议或者提起行政诉讼的权利。

（二）延期缴纳税款

纳税人因有下列情形，不能按期缴纳税款的，应当在缴纳税款期限届满前提出申请，经省税务机关批准，可以延期缴纳税款，但最长不得超过3个月：

（1）因不可抗力，导致纳税人发生较大损失，正常生产经营受到较大影响的；

（2）当期货币资金在扣除应付职工工资、社会保险费后，不足以缴纳税款的。

报送资料

（1）《延期缴纳税款申请表》1份。

（2）经办人身份证件原件，查验后退回。

（3）所有用户存款账户的对照单复印件1份。

（4）委托代理人提出申请，需报送《代理委托书》1份，代理人身份证件原件，查验后退回。

办理结果：

（1）符合法定条件的，省税务机关出具加盖本税务机关印章或者税收业务专用章的《延期缴纳税款通知书》。

（2）不符合法定条件的，省税务机关出具加盖本税务机关印章或者税收业务专用章的《不予延期缴纳税款通知书》，并应当说明理由，告知申请人享有申请行政复议或者提起行政诉讼的权利。省税务机关可以直接或者委托主管税务机关将上述文书送交申请人。

（三）申报错误更正

纳税人、扣缴义务人办理纳税申报后，发现申报表存在错误，需要修改更正或作废，应当向主管税务机关申请办理申报错误更正。

报送资料 <<<<<<

（1）更正后的相关税（费）种纳税申报表 1 份。

（2）实名认证的办税员身份证，查验后退回。

办理结果：

办理结束后，在申报表上加盖印章，一份返还纳税人；电子税务局办理的，将办理结果通过电子税务局反馈给纳税人。

要点提示 <<<<<<

（1）个人所得税申报表更正注意以下事项：

①如纳税人已完成年度申报，不允许更正预缴申报。

②年度综合所得申报中有上年度的结转时，如更正上年度的综合所得年度申报，纳税人应一并更正本年度综合所得申报。

③同一扣缴义务人连续性综合所得已有下期预缴申报的，可采用部分、增量更正方式进行更正。更正时需要采集扣缴义务人更正申报的原因等信息。若年中更正预缴的，也需连带更正后期的预缴申报，并作相应更正的提示信息。对未进行后期更正的，允许进行正常预缴申报。对更正涉及的纳税人，在更正完成后将更正的情况通知相应的纳税人。

④限售股已进行清算时，不能更正该纳税人的限售股的扣缴申报。

（2）申报错误更正后，如涉及补缴税款的，按规定加收滞纳金。

（四）申请变更纳税定额

纳税人对税务机关核定的应纳税额有异议的，应当提供相关证据，经税务机关认定后，调整应纳税额。

报送资料 <<<<<<

(1)《个体工商户定额核定表》1 份。

(2) 经办人身份证件原件，查验后退回。

(3) 申请变更纳税定额的相关证明材料 1 份。

(4) 委托代理人办理，需报送《代理委托书》1 份，委托代理人身份证件原件，查验后退回。

办理结果：

按照《个体工商户税收定期定额征收管理办法》（国家税务总局令第 16 号公布，国家税务总局令第 44 号修改）规定的核定程序重新核定定额并通知纳税人。其中，予以变更核定定额的，出具《核定定额通知书》；不予变更核定定额的，出具《不予变更纳税定额通知书》，并应当说明理由，告知纳税人享有申请行政复议或者提起行政诉讼的权利。

（五）退（抵）税办理

1. 误收多缴退抵税

纳税人自结算缴纳税款之日起 3 年内发现多缴税款的，可以向税务机关要求退还多缴的税款并加算银行同期存款利息。税务机关发现纳税人超过应纳税额多缴的税款，应立即退还。

对于“税务处理决定书多缴税费”“行政复议决定书多缴税费”“法院判决书多缴税费”等多缴税款，应该依照税收法律法规及其相关规定办理退税。

报送资料 <<<<<<

(1)《退（抵）税申请表》4 份。

（2）税务机关无法获取相关记载应退税款内容的资料或完税证明，需报送纳税人完税凭证复印件或税务机关认可的其他记载应退税款内容的资料1份。

（3）由于特殊情况不能退至纳税人、扣缴义务人原缴款账户，要提交相关说明、相关证明资料和指定接受退税的其他账户及接受退税单位（人）名称的资料。

办理结果：

纳税人获得税务机关出具的《税务事项通知书》。

要点提示 <<<<<<

（1）退税利息按照税务机关办理退税手续当天中国人民银行规定的活期存款利率计算。

（2）除出口退税以外，纳税人既有应退税款又有欠缴税款的，税务机关可以将纳税人的应退税款和利息先抵扣欠缴的税款；抵扣后有余额的，纳税人可以申请办理退库。

（3）多缴税费证明资料主要包括：减免税审批文书、纳税申报表、税务稽查结论、税务处理决定书、纳税评估文书、税务行政复议决定书、生效的法院判决书、增值税红字发票、税务机关认可的其他记载应退税款内容的资料。

（4）多贴印花税票的，不得申请退税或者抵用。

2. 入库减免退抵税

纳税人符合政策规定可以享受减免的税款，如缴纳入库，可以向主管税务机关申请退（抵）已缴纳的税款。以下情形也属于入库减免退抵税：

（1）增值税小规模纳税人月销售额不超过10万元（按季纳税30万元）的，当期因代开增值税专用发票已经缴纳的税款，在增值税专用发票全部联次追回或者按规定开具红字增值税专用发票后，可以向主管税务机关申请退还；

（2）增值税即征即退，按税法规定缴纳的税款，由税务机关征收入库后，再由税务机关按规定的程序给予部分或全部退还已纳税款；

（3）非居民纳税人可享受但未享受协定待遇，可以申请退还多缴税款；

（4）其他减免税政策发布时间滞后于执行时间已入库税款的退税，也属于减免退税。

报送资料 <<<<<<

（1）《退（抵）税申请审批表》4 份。

（2）安置残疾人就业增值税即征即退优惠，首次申请退税时，报送相关残疾人的证明复印件（逐页加盖公章）和身份证复印件；每次办理退税时，报送当期由银行等金融机构或纳税人加盖公章的按月为残疾人支付工资的清单。

（3）软件产品即征即退优惠，首次申请退税时，报送取得软件产业主管部门颁发的《软件产品登记证书》或著作权行政管理部门颁发的《计算机软件著作权登记证书》1 份。

（4）新型墙体材料增值税即征即退，首次申请退税时，报送不属于国家发展和改革委员会《产业结构调整指导目录》中的禁止类、限制类项目和生态环境部《环境保护综合名录》中的“高污染、高环境风险”产品或者重污染工艺的声明材料 1 份。

（5）资源综合利用产品及劳务增值税即征即退优惠，首次申请退税时，需报送不属于国家发展和改革委员会《产业结构调整指导目录》中的禁止类、限制类项目和生态环境部《环境保护综合名录》中的“高污染、高环境风险”产品或者重污染工艺，以及符合《资源综合利用产品和劳务增值税优惠目录》规定的技术标准和相关条件的书面的声明材料 1 份；综合利用的资源，属于生态环境部《国家危险废物名录》列明的危险废物的，提供省级或市级生态环境部门颁发的

《危险废物经营许可证》原件和复印件1份，原件查验后退回。

（6）有形动产融资租赁服务增值税即征即退，首次申请退税，需报送有形动产融资租赁服务业务合同复印件1份。

（7）动漫企业增值税即征即退优惠，首次申请退税，需报送软件产业主管部门颁发的《软件产品登记证书》或著作权行政管理部门颁发的《计算机软件著作权登记证书》1份。

（8）管道运输服务增值税即征即退优惠，首次申报退税，需报送管道运输服务业务合同复印件1份。

（9）铂金增值税即征即退优惠，首次申请退税，需报送国内生产企业自产自销铂金的证明材料原件及复印件1份，原件查验后退回；上海黄金交易所开具的《上海黄金交易所发票》结算联1份，查验后退回。

办理结果：

纳税人获得税务机关出具的《税务事项通知书》。

要点提示 <<<<<<

（1）纳税人申请退抵税（费）金额不能大于纳税人已入库税（费）金额。

（2）增值税一般纳税人按规定享受增值税即征即退政策的货物、劳务和服务、不动产、无形资产的，在申报时须将此部分填写在《增值税及附加税费申报表（一般纳税人适用）》及附表《增值税及附加税费申报表附列资料（一）》的“增值税即征即退项目”征（退）税数据。

（3）除出口退税以外，纳税人既有应退税款又有欠缴税款的，税务机关可以将纳税人的应退税款和利息先抵扣欠缴的税款；抵扣后有余额的，可以办理应退余额的退库。

（4）税务机关发现的，10日内办结。纳税人自行发现的，30日内办结；其中增值税即征即退退抵税，15个工作日内办结。

3. 汇算清缴结算多缴退税

实行分期预缴、按期汇算结算的纳税人，在清算过程中形成的多缴税款，可以向主管税务机关申请办理退抵税费。以下业务也属于汇算清缴结算多缴退抵税：

（1）土地增值税清算原因导致多缴企业所得税的退税；

（2）对房产税、城镇土地使用税税源信息修改，以及增值税、消费税申报税款小于预缴税款，导致发生多缴税款；

（3）纳税人在批准临时占用耕地的期限内恢复所占耕地原状的，全额退还已缴纳的耕地占用税。

报送资料 <<<<<<

（1）《退（抵）税申请表》4 份。

（2）土地增值税清算原因导致多缴企业所得税的退税，需报送房地产企业是否存在后续开发项目的说明 1 份；房地产项目缴纳的土地增值税总额、项目销售收入总额、项目年度销售收入额、各年度应分摊的土地增值税和已经税前扣除的土地增值税、各年度的使用税率说明书 1 份。

（3）纳税人在批准临时占用耕地期限内恢复所占耕地原状的耕地占用税退税，需报送复垦验收合格确认书复印件 1 份。

（4）税务机关无法获取相关记载应退税款内容的资料或完税证明，需报送纳税人完税费（缴款）凭证复印件或税务机关认可的其他记载应退税款内容的资料 1 份。

办理结果：

纳税人获得税务机关出具的《税务事项通知书》。

4. 增值税期末留抵税额退税

增值税留抵税额可在未来实现销售时予以抵减，符合条件的增值税一般纳税人，可以向主管税务机关申请退还留抵税额。

报送资料 <<<<<<

(1)《增值税期末留抵税额退税申请表》4 份。

(2)《退(抵)税申请表》4 份。

(3)符合条件的集成电路重大项目增值税留抵税额退税，对外购用于生产乙烯、芳烃类化工产品的石脑油、燃料油价格中消费税部分对应的增值税税额退税，需报送增值税专用发票复印件 1 份，海关进口增值税专用缴款书复印件 1 份，进口协议（或购进合同）复印件 1 份，进口货物报关单复印件 1 份。

办理结果：

(1)纳税人符合留抵退税条件，且不存在增值税涉税风险疑点、被税务稽查立案且未结案、增值税申报比对异常未处理、取得增值税异常扣税凭证未处理等增值税风险疑点情形的，获取税务机关出具的准予留抵退税的《税务事项通知书》。

(2)纳税人不符合留抵退税条件的，不予留抵退税。纳税人获取税务机关出具的不予留抵退税的《税务事项通知书》。

(3)暂停（终止）办理留抵退税。对于符合退税条件，但纳税人存在增值税涉税风险疑点，或存在未处理的相关涉税事项等情形的，明确先暂停为其办理留抵退税。

5. 车辆购置税退税

已缴纳车辆购置税的车辆，发生车辆退回生产企业或者经销商的，符合免税、减税条件但已征税的，以及其他依据法律法规规定应予退税情形的，纳税人向税务机关申请退还已缴纳的车辆购置税。

报送资料 <<<<<<

(1)《车辆购置税退税申请表》3 份。

(2)纳税人身份证件原件和复印件 1 份，原件查验后退回。

（3）车辆退回生产企业或者经销商，需报送生产企业或经销商开具的退车证明和退车发票1份。

办理结果：

纳税人获取税务机关出具的《税务事项通知书》。

要点提示 <<<<<<

（1）纳税人身份证明具体是指：单位纳税人为《统一社会信用代码证书》，或者营业执照，或者其他有效机构证明；个人纳税人为居民身份证，或者居民户口簿，或者入境的身份证件。

（2）已征车辆购置税的车辆退回车辆生产或销售企业，纳税人申请退还车辆购置税的，应退税额计算公式如下：应退税额 = 已纳税额 ×（1 − 使用年限 ×10%）。应退税额不得为负数。使用年限的计算方法是，自纳税人缴纳税款之日起至申请退税之日止。未满1年的，按已缴纳税款全额退税。其他退税情形，纳税人申请退税时，主管税务机关依据有关规定计算退税额。

（3）试点应用机动车销售统一发票电子信息（以下简称发票电子信息）办理车辆购置税业务的地区，纳税人购置并已完税的应税车辆，纳税人申请车辆购置税退税时，税务机关核对纳税人提供的退车发票与发票电子信息无误后，按规定办理退税；核对不一致的，纳税人换取合规的发票后，再办理退税申报。

6. 车船税退抵税

已经缴纳车船税的车船，因质量原因被退回生产企业或者经销商的，纳税人可以向税务机关申请退还自退货月份起至该纳税年度终了期间的税款。在一个纳税年度内，已完税的车船被盗抢、报废、灭失的，纳税人可以凭有关管理机关出具的证明和完税证明，向纳税所在地的主管税务机关申请退还自被盗抢、报废、灭失月份起至该纳税年度终了期间的税款。

纳税人在购买机动车交通事故责任强制保险时，已由扣缴义务人代收代缴车船税，车辆登记地主管税务机关再次征收的，纳税人可向车辆登记地主管税务机关申请退还已经缴纳的车船税。

报送资料<<<<<<

（1）《退（抵）税申请表》4份。

（2）车船税完税凭证1份，查验后退回。

（3）已完税的车船被盗抢、报废、灭失的，需报送有关管理机构出具的证明。

办理结果：

纳税人获取税务机关出具的《税务事项通知书》。

要点提示<<<<<<

（1）所有退税，由于特殊情况不能退至纳税人、扣缴义务人原缴款账户，要提交相关说明、相关证明资料和指定接受退税的其他账户及接受退税单位（人）名称的资料。

（2）除出口退税以外，纳税人既有应退税款又有欠缴税款的，税务机关可以将纳税人的应退税款和利息先抵扣欠缴的税款；抵扣后有余额的，纳税人可以申请办理应退余额的退库。

7. 出口货物退（免）税申报

出口退税是指在国际贸易业务中，对我国报关出口的货物退还在国内各生产环节和流转环节按税法规定缴纳的增值税和消费税，即出口环节免税且退还以前纳税环节的已纳税款。

国家规定外贸企业出口的货物申请退（免）税必须同时具备4个条件：必须是增值税、消费税征收范围内的货物；必须是报关离境出口的货物，必须是在财务上作出口销售处理的货物，必须是已收汇并经核销的货物。生产企业（包括有进出口经营权的生产企业、委托外贸企业代理出口的生产企业、外商投资企业，下同）申请办理出口货物退（免）税时必须增加一个条件，即申请退（免）税的货物必须是生产企业的自产货物或视同自产货物才能办理退（免）税。

报送资料

（1）生产企业申报免抵退税需报送的资料：

①《免抵退税申报汇总表》；

②《生产企业出口货物劳务免抵退税申报明细表》；

③办理消费税退税申报时，报送《生产企业出口非自产货物消费税退税申报表》。

（2）外贸企业申报免退税需报送的资料：

①《外贸企业出口退税进货明细申报表》；

②《外贸企业出口退税出口明细申报表》。

除四类出口企业外，所有出口企业申报出口退（免）税均可自愿选择无纸化申报方式，通过电子税务局、国际贸易“单一窗口”出口退税申报模块进行在线申报并提交申报数据。

延伸学习

税务机关按照风险可控、“放管服”结合、利于遵从、便于办税的原则，对出口退（免）税企业（以下简称出口企业）进行分类管理。出口企业管理类别分为一类、二类、三类、四类。一类级别最高，提供绿色办税通道，优先办理出口退税，并建立重点联系制度，及时解决企业有关出口退（免）税问题。四类级别最低，出口退（免）税业务需进行较严格的审核，不受《出口退（免）税企业分类管理办法》有关办结出口退（免）税手续时限的限制。

（六）委托代征报告

根据《中华人民共和国税收征收管理法实施细则》有利于税收控管和方便纳税的要求，按照双方自愿、简便征收、强化管理、依法委托的原则和国家有关规定，税务机关可委托有关单位和人员代征零星、分散和异地缴纳的税收。依法接受税务机关委托代征税款的单位或人员，根据税务机关确定的代征范围、核定税额或计税依据、税率代征税款，在规定期限内，向税务机关进行委托代征报告，并解缴税款。

报送资料 <<<<<<

(1)《委托代征税款报告表》2 份。

(2)《委托代征税款明细报告表》1 份。

(3) 委托代征人汇总缴库的，需报送《中华人民共和国税收缴款书（银行经收专用)》1 份。

(4) 委托代征人开具《中华人民共和国税收缴款书（税务收现专用)》的，需报送《中华人民共和国税收缴款书（税务收现专用)》1 份。

要点提示 <<<<<<

(1) 受托代征人与委托税务机关应签订《委托代征协议书》。

(2) 受托代征人不得将其受托代征税款事项再行委托其他单位组织或人员办理。

(3) 纳税人拒绝缴纳的，受托代征人应自纳税人拒绝之时起 24 小时内将情况报告税务机关，由税务机关向纳税人追缴税款。受托代征人未将情况报告的，税务机关可按《委托代征协议书》的约定向受托代征人按日加收未征少征税款万分之五的违约金。

六、风险提示

（一）未按规定办理纳税申报

1.《中华人民共和国税收征收管理法》第六十二条：纳税人未按照规定的期限办理纳税申报和报送纳税资料的，或者扣缴义务人未按照规定的期限向税务机关报送代扣代缴、代收代缴报告表和有关资料的，由税务机关责令限期改正，可以处2000元以下的罚款，情节严重的，可以处2000元以上10000元以下的罚款。

2.《中华人民共和国税收征收管理法》第六十四条：纳税人、扣缴义务人编造虚假计税依据的，由税务机关责令限期改正，并处50000元以下的罚款。纳税人不进行纳税申报，不缴或者少缴应纳税款的，由税务机关追缴其不缴或者少缴的税款、滞纳金，并处不缴或者少缴的税款50%以上5倍以下的罚款。

3.《税务登记管理办法》第四十条：已办理税务登记的纳税人未按照规定的期限申报纳税，在税务机关责令其限期改正后，逾期不改正的，税务机关应当派员实地检查，查无下落并且无法强制其履行纳税义务的，由检查人员制作非正常户认定书，存入纳税人档案，税务机关暂停其税务登记证件、发票领购簿和发票的使用。

4. 如果纳税人违反税法规定被认定为非正常户，纳税人的信用等级直接判为D级。

5. 纳税人需要特别注意的是在所属期内无论有无营业收入，或在享受税收减免优惠期间，都应按时进行纳税申报。当无营业收入时，纳税人应在申报表有关栏目注明“没有营业收入”等字样或填零。否则，视同未申报或为不如实申报，影响纳税人信用等级评价。

（二）欠缴税款

1.《中华人民共和国税收征收管理法》第三十二条：纳税人未按照规定期限缴纳税款的，扣缴义务人未按规定的期限解缴税款的，税务机关除责令限期缴纳外，从滞纳税款之日起，按日加收滞纳税款0.5‰的滞纳金。

2.《中华人民共和国税收征收管理法》第六十五条：纳税人欠缴应纳税款，采取转移或者隐匿财产的手段，妨碍税务机关追缴欠缴税款的，由税务机关追缴欠缴的税款、滞纳金，并处欠缴税款50%以上5倍以下的罚款；构成犯罪的，依法追究刑事责任。

3.《中华人民共和国税收征收管理法》第四十四条：欠缴税款的纳税人或者他的法定代表人需要出境的，应当在出境前向税务机关结清应纳税款、滞纳金或者提供担保。未结清税款、滞纳金，又不提供担保的，税务机关可以通知出境管理机关阻止其出境。

4.《中华人民共和国税收征收管理法》第六十八条：纳税人、扣缴义务人在规定期限内不缴或者少缴应纳或应解缴的税款，经税务机关责令限期缴纳，逾期仍未缴纳的，税务机关除可以依法采取强制执行措施追缴纳税人不缴或者少缴的税款外，可以处不缴或者少缴的税款50%以上5倍以下的罚款。

5.《中华人民共和国税收征收管理法》第六十九条：扣缴义务人应扣未扣、应收而不收税款的，由税务机关向纳税人追缴税款，对扣缴义务人处应扣未扣、应收未收税款50%以上3倍以下的罚款。

6.《中华人民共和国刑法》第二百零三条：纳税人欠缴应纳税款，采取转移或者隐匿财产的手段，致使税务机关无法追缴欠缴的税款，构成犯罪的，数额在10000元以上不满100000元的，处3年以下有期徒刑或者拘役，并处或者单处欠缴税款1倍以上5倍以下的罚金；数额在100000元以上的，处3年以上7年以下有期徒刑，并处欠缴税款1倍以上5倍以下的罚金。

（三）逃避缴纳税款

1.《中华人民共和国税收征收管理法》第六十三条：纳税人伪造、变造、隐匿、擅自销毁账簿、记账凭证，或者在账簿上多列支出或者不列、少列收入，或者经税务机关通知申报而拒不进行申报或者进行虚假的纳税申报，不缴或者少缴应纳税款的行为，税务机关将追缴不缴或者少缴的税款、滞纳金，并处不缴或者少缴税款 50% 以上 5 倍以下的罚款。

2.《中华人民共和国刑法》第二百零一条：

①纳税人采取欺骗，隐瞒手段进行虚假纳税申报或者不申报，逃避缴纳税款数额较大并且占应纳税额 10% 以上的，处 3 年以下有期徒刑或者拘役，并处罚金；数额巨大并且占应纳税额 30% 以上的，处 3 年以上 7 年以下有期徒刑，并处罚金。

②扣缴义务人采取上述所列手段，不缴或者少缴已扣、已收税款，数额较大的，依照上述规定处罚。

对多次实施上述行为，未经处理的，按照累计数额计算。有上述第①项行为的，经税务机关依法下达追缴通知后，补缴应纳税款，缴纳滞纳金，已受行政处罚的，不予追究刑事责任；但是，5 年内因逃避缴纳税款受过刑事处罚或者被税务机关给予 2 次以上行政处罚的除外。

（四）抗税

1.《中华人民共和国税收征收管理法》第六十七条：凡以暴力、威胁方法拒不缴纳税款的属于抗税，除由税务机关追缴其拒缴的税款、滞纳金外，依法追究刑事责任。情节轻微，未构成犯罪的，由税务机关追缴其拒缴的税款、滞纳金，并处拒缴税款 1 倍以上 5 倍以下的罚款。

2.《中华人民共和国刑法》第二百零二条：以暴力、威胁方法拒不缴纳税款的，处 3 年以下有期徒刑或者拘役，并处拒缴税款 1 倍以上 5 倍以下罚金；情节严重的，处 3 年以上 7 年以下有期徒刑，并处拒缴税款 1 倍以上 5 倍以下罚金。

3. 实施抗税行为致人重伤、死亡，构成故意伤害罪、故意杀人罪的，分别依照《中华人民共和国刑法》第二百三十四条第二款、第二百三十二条的规定定罪处罚。

（五）出口退（免）税违法违规

1. 出口企业和其他单位有下列行为之一的，主管税务机关应按照《中华人民共和国税收征收管理法》第六十条规定予以处罚：

（1）未按规定设置、使用和保管有关出口货物退（免）税账簿、凭证资料的；

（2）未按规定装订、存放和保管备案单证的。

2. 出口企业和其他单位拒绝税务机关检查或拒绝提供有关出口货物退（免）税账簿、凭证、资料的，税务机关应按照《中华人民共和国税收征收管理法》第七十条规定予以处罚。

3. 从事进料加工业务的生产企业，未按规定期限办理进料加工登记、申报、核销手续的，主管税务机关在按照《中华人民共和国税收征收管理法》第六十二条有关规定进行处理后再办理相关手续。

4. 出口企业和其他单位有违反发票管理规定行为的，主管税务机关应按照《中华人民共和国发票管理办法》有关规定予以处罚。

5.《中华人民共和国税收征收管理法》第六十六条：出口企业和其他单位以假报出口或者其他欺骗手段，骗取国家出口退税款，由税务机关追缴其骗取的退税款，并处骗取税款 1 倍以上 5 倍以下的罚款；构成犯罪的，依法追究刑事责任。对骗取国家出口退税款的，税务机关可以在规定期间内停止为其办理出口退税。

（六）委托代征、代扣代缴违法违规

1.《委托代征管理办法》第二十四条：代征人未按规定期限解缴税款的，由税务机关责令限期解缴，并可从税款滞纳之日起按日加收

未解缴税款0.5‰的违约金。

2.《委托代征管理办法》第二十三条：代征人造成印有固定金额的税收票证损失的，应当按照票面金额赔偿，未按规定领取、保管、开具、结报缴销税收票证的，税务机关应当根据情节轻重，适当扣减代征手续费。

3.《委托代征管理办法》第二十二条：受托代征人违规多征税款的，由委托税务机关承担相应的法律责任，并责令受托代征人立即退还，税款已入库的，由委托税务机关按规定办理退库手续；受托代征人违规多征税款致使纳税人合法权益受到损失的，由税务机关赔偿，税务机关拥有事后向代征人追偿的权利。

4.《中华人民共和国税收征收管理法》第七十八条：未经税务机关依法委托征收税款的，责令退还收取的财物，依法给予行政处分或者行政处罚；致使他人合法权益受到损失的，依法承担赔偿责任；构成犯罪的，依法追究刑事责任。

5.《中华人民共和国税收征收管理法》第六十一条：扣缴义务人未按照规定设置、保管代扣代缴、代收代缴税款账簿或者保管代扣代缴、代收代缴税款记账凭证及有关资料的，由税务机关责令限期改正，可以处2000元以下的罚款；情节严重的，处2000元以上5000元以下的罚款。

6.《中华人民共和国税收征收管理法》第六十二条：扣缴义务人未按照规定的期限向税务机关报送代扣代缴、代收代缴税款报告表和有关资料的，由税务机关责令限期改正，可以处2000元以下的罚款；情节严重的，可以处2000元以上10000元以下的罚款。

7.《中华人民共和国税收征收管理法》第六十九条：扣缴义务人应扣未扣、应收而不收税款的，由税务机关向纳税人追缴税款，对扣缴义务人处应扣未扣、应收未收税款50%以上3倍以下的罚款。

8.《中华人民共和国税收征收管理法》第七十条：扣缴义务人逃避、拒绝或者以其他方式阻挠税务机关检查的，由税务机关责令改正，可以处 10000 元以下的罚款；情节严重的，处 10000 元以上 50000 元以下的罚款。

第 16 课　证明开具及风险提示

纳税证明是纳税人在生产经营活动中，因需要制作会计核算凭证、说明自身完税情况等原因，向税务机关申请出具的对其资产、行为、收入征（免）税情况的要式证明。本节主要介绍的纳税证明事项包括：开具税收完税证明、开具个人所得税纳税记录、转开印花税票销售凭证。

一、开具税收完税证明

税收完税证明是税务机关为证明纳税人已经缴纳税款或者已经退还纳税人税款而开具的凭证。纳税人符合下列情形之一的，可以申请开具税收完税证明：

1. 通过横向联网电子缴税系统划缴税款到国库（经收处）后或收到从国库退还的税款后，当场或事后需要取得税收票证的。

2. 扣缴义务人代扣、代收税款后，已经向纳税人开具税法规定或国家税务总局认可的记载完税情况的其他凭证，纳税人需要换开正式完税凭证的。

3. 纳税人遗失已完税的各种税收票证（《出口货物完税分割单》、印花税票和《印花税票销售凭证》除外），需要重新开具的。

4. 对纳税人特定期间完税情况出具证明的。

5. 国家税务总局规定的其他需要为纳税人开具完税凭证情形。

报送资料<<<<<<

（1）已办理税务登记的纳税人，需报送加载统一社会信用代码的营业执照（或税务登记证，组织机构代码证等）原件1份，查验后退回。

（2）自然人需报送身份证件原件，查验后退回。

（3）在证券交易场所和证券登记结算机构扣缴证券交易印花税后需要换开正式完税凭证的，需报送加盖开具单位的相关业务章戳的成交过户交割凭单或过户登记确认书复印件1份。

（4）开具通过保险机构缴纳车船税完税凭证的，需报送记载车船税完税情况的机动车交通事故责任强制保险保险单复印件1份。

（5）储蓄机构扣缴储蓄存款利息所得税后，需要换开税收完税证明的，需报送记载储蓄存款利息所得税完税情况的利息清单1份。

办理结果：

税务机关受理后，开具《中华人民共和国税收完税证明》交纳税人。

要点提示<<<<<<

（1）税收完税证明分为表格式和文书式两种。

通过横向联网电子缴税系统划缴税款到国库（经收处）后或收到从国库退还的税款后，当场或事后需要取得税收票证的，扣缴义务人代扣、代收税款后，已经向纳税人开具税法规定或国家税务总局认可的记载完税情况的其他凭证，纳税人需要换开正式完税凭证的，纳税人遗失已完税的各种税收票证（《出口货物完税分割单》、印花税票和《印花税票销售凭证》除外），需要重新开具的以及国家税务总局规定的其他需要为纳税人开具完税凭证情形的情况，开具的税收完税证明为表格式。对纳税人特定期间完税情况出具证明的，开具的税收完税证明为文书式，文书式税收完税证明不得作为纳税人的记账或抵扣凭证。

（2）纳税人遗失《出口货物完税分割单》、印花税票和《印花税票销售凭证》不能重新开具。

（3）纳税人提供加盖开具单位的相关业务章戳的成交过户交割凭单或过户登记确认书，并注明应予扣收税款的计税金额、税率和扣收税款的金额，可以向证券交易场所和证券登记结算机构所在地的主管税务机关申请开具印花税完税证明。

（4）纳税人通过保险机构缴纳车船税完税凭证，需要开具完税证明的，应当向保险机构所在地的主管税务机关提出申请。

（5）纳税人通过电子缴税系统缴纳税款后，银行可以为纳税人打印《电子缴税付款凭证》，纳税人可以通过电子税务局自行开具《电子缴款凭证》。经银行确认并加盖收讫章的《电子缴税付款凭证》、与银行对账单核对无误的《电子缴款凭证》可以作为纳税人的记账核算凭证。

（6）个人所得税纳税人就税款所属期为 2019 年 1 月 1 日（含）以后缴（退）税情况申请开具证明的，税务机关为其开具《中华人民共和国个人所得税纳税记录》（以下称个人所得税《纳税记录》），不再开具税收完税证明（文书式）。

二、开具个人所得税《纳税记录》

个人所得税纳税人取得应税所得并由扣缴义务人向税务机关办理了全员全额扣缴申报，或根据税法规定自行向税务机关办理了纳税申报的，不论是否实际缴纳税款，均可以申请开具个人所得税《纳税记录》。

报送资料 <<<<<<

（1）经办人身份证件原件，查验后退回。

（2）受托他人代为开具，需报送受托人身份证件原件（查验后退回），委托人书面授权资料1份。

办理结果：

税务机关受理后，开具个人所得税《纳税记录》。纳税人通过自然人税收管理系统申请开具的，可自行打印个人所得税《纳税记录》。

要点提示 <<<<<<

（1）扣缴义务人未实现个人所得税全员全额扣缴明细申报的，将会导致税务机关不能获取申请人纳税情况而无法开具。

（2）纳税人对个人所得税《纳税记录》存在异议的，可以向该项记录中列明的税务机关申请核实。

（3）税务机关提供两种个人所得税《纳税记录》验证服务。一是通过手机个人所得税App《纳税记录》；二是通过自然人税收管理系统输入个人所得税《纳税记录》中的验证码进行验证。

（4）个人所得税《纳税记录》不作为纳税人记账、抵扣凭证。

三、转开印花税票销售凭证

纳税人通过横向联网方式完成印花税款的缴纳或退还后，可向主管税务机关申请开具《中华人民共和国印花税票销售凭证》（证明凭证）。

报送资料 <<<<<<

已办理税务登记的，需报送纳税人加载统一社会信用代码的营业执照（或税务登记证、组织机构代码证等）原件1份，查验后退回。

自然人需报送身份证件原件1份，查验后退回。

办理结果：

税务机关受理后，开具《中华人民共和国印花税票销售凭证》

（证明凭证）。

四、出口货物涉税证明

（一）代理出口货物证明

委托出口货物，受托方须自货物报关出口之日起至次年4月15日前，向主管税务机关申请开具《代理出口货物证明》，并将其及时转交委托方。逾期的，受托方不得申报开具《代理出口货物证明》。

报送资料 <<<<<<

《代理出口货物证明申请表》。

（二）《出口货物退运已补税（未退税）证明》

出口货物发生退运、改单、撤单业务的，出口企业应先向主管税务机关申请开具《出口货物退运已补税（未退税）证明》，并携其到海关申请办理出口货物退运、改单、撤单手续。

报送资料 <<<<<<

《出口货物退运已补税（未退税）证明》。

（三）出口货物转内销证明

出口货物转内销证明开具情形：

（1）外贸企业发生原计入出口库存账的出口货物转内销或视同内销货物征税的。

（2）已申报退（免）税的出口货物发生退运并转内销的，外贸企业应于发生内销或视同内销货物的当月向主管税务机关申请开具《出口货物转内销证明》，并在取得出口货物转内销证明的下一个增值税纳税申报期内申报纳税时，以此作为进项税额的抵扣凭证使用。

（3）退税办法由免退税办法变更为免抵退办法的企业，在批准变更次月的增值税纳税申报期内可将原计入出口库存账的且未申报免退税的出口货物向主管税务机关申请开具《出口货物转内销证明》。

（4）将用于“抵扣”勾选的错误勾选为“退税”勾选，发票已用于退税申报，且符合开具出口转内销证明条件的。外贸企业应当向主管退税的税务机关申请开具《出口货物转内销证明》。

报送资料 <<<<<<<

《出口货物转内销证明申报表》。

纳税人可以通过电子税务局、国际贸易“单一窗口”等网上渠道（以下简称网上渠道）申请开具上述三种电子证明，税务机关为其开具电子证明后，并通过网上渠道向纳税人反馈。

纳税人申报办理出口退（免）税相关涉税事项时，仅需填报上述电子证明编号等信息，无须另行报送证明的纸质件和电子件。

五、风险提示

（1）《中华人民共和国税收征收管理法实施细则》第九十一条：非法印制、转借、倒卖、变造或者伪造完税凭证的，由税务机关责令改正，处2000元以上1万元以下的罚款；情节严重的，处1万元以上5万元以下的罚款；构成犯罪的，依法追究刑事责任。

（2）《中华人民共和国税收征收管理法实施细则》第九十三条：为纳税人、扣缴义务人非法提供银行账户、发票、证明或者其他方便，导致未缴、少缴税款或者骗取国家出口退税款的，税务机关除没收其违法所得外，可以处未缴、少缴或者骗取的税款1倍以下的罚款。

第五篇

纳 税 信 用

近年来，税务部门持续推进纳税信用建设，健全守信激励和失信惩戒制度，拓展信用应用范围。经营者良好的纳税信用能够“变现”为项目管理、税收服务、融资守信、进出口等诸多方面的便利。本篇介绍了纳税信用的评价方法以及相关奖惩措施，帮助创业者了解纳税信用就是企业的“真金白银”，要守护好自己的纳税信用资产。

第 17 课 纳税信用的构成

一、纳税信用评价对象

如果纳税人是已办理税务登记（含“三证合一、一照一码、临时登记”），从事生产、经营的企业，以及个人独资企业和个人合伙企业，那么税务机关将依照相关规定，对纳税人的纳税信用状况进行评价并得出相应的信用级别。非独立核算分支机构、适用增值税一般计税方法的个体工商户，可以根据自身情况，自愿参与纳税信用评价。

纳税信用评价周期为一个纳税年度，即公历 1 月 1 日至 12 月 31 日。

随着纳税信用评价工作的完善，税务机关将逐步开展扣缴义务人、个体工商户、自然人和其他类型纳税人的纳税信用评价工作。

二、纳税信用信息

纳税信用信息对纳税人评价年度的信用评价结果起着决定性作用，因此，纳税人需要在平时的生产经营中重点关注。纳税信用信息包括纳税人信用历史信息、税务内部信息、外部信息。

纳税人信用历史信息包括基本信息和评价年度之前的纳税信用记录，以及相关部门评定的优良信用记录和不良信用记录。

税务内部信息包括经常性指标信息和非经常性指标信息。经常性指标信息是指涉税申报信息、税（费）款缴纳信息、发票与税控器具信息、登记与账簿信息等纳税人在评价年度内经常产生的指标信息；非经常性指标信息是指税务检查信息等纳税人在评价年度内不经常产生的指标信息。

外部信息包括外部参考信息和外部评价信息。外部参考信息包括评价年度相关部门评定的优良信用记录和不良信用记录；外部评价信息是指从相关部门取得的影响纳税人纳税信用评价的指标信息。

纳税信用信息采集工作由国家税务总局和省税务机关组织实施，按月采集。

三、纳税信用级别

纳税信用评价级别有 A、B、M、C、D 五级，A 级为最高级别，D 级为最低级别。税务机关采取年度评价指标得分和直接判级方式对纳税人信用级别进行划分，得分越高级别越高，得分越低级别越低，有严重失信行为的纳税人将会直接被判为 D 级。

（一）纳税信用 A 级纳税人

A 级纳税信用为年度评价指标得分 90 分以上的（不包括存在不予评 A 级情形的）。

有下列情形之一的纳税人，本评价年度不能评为 A 级。

（1）实际生产经营期不满 3 年的。

（2）上一评价年度纳税信用评价结果为 D 级的。

（3）非正常原因一个评价年度内，增值税连续 3 个月或者累计 6 个月零申报、负申报的。

（4）不能按照国家统一的会计制度规定设置账簿，并根据合法、有效凭证核算，向税务机关提供准确税务资料的。

（二）纳税信用 B 级纳税人

B 级纳税信用为年度评价指标得分 70 分以上不满 90 分的或者年度评价指标得分 90 分以上（含本数），但存在不予评 A 级情形的。

（三）纳税信用 M 级纳税人

M 级纳税信用为新设立企业或评价年度内无生产经营业务收入且年度评价指标得分 70 分以上的。

（四）纳税信用 C 级纳税人

C 级纳税信用为年度评价指标得分 40 分以上不满 70 分的。

（五）纳税信用 D 级纳税人

D 级纳税信用为年度评价指标得分不满 40 分或者直接判级确定的。有下列情形之一的纳税人，本评价年度直接判为 D 级。

（1）存在逃避缴纳税款、逃避追缴欠税、骗取出口退税、虚开增值税专用发票等行为，经判决构成涉税犯罪的。

（2）存在前项所列行为，未构成犯罪，但偷税（逃避缴纳税款）金额 10 万元以上且占各税种应纳税总额 10% 以上，或者存在逃避追缴欠税、骗取出口退税、虚开增值税专用发票等税收违法行为，已缴纳税款、滞纳金、罚款的。

（3）在规定期限内未按税务机关处理结论缴纳或者足额缴纳税款、滞纳金和罚款的。

（4）以暴力、威胁方法拒不缴纳税款或者拒绝、阻挠税务机关依法实施税务稽查执法行为的。

（5）存在违反增值税发票管理规定或者违反其他发票管理规定的行为，导致其他单位或者个人未缴、少缴或者骗取税款的。

（6）提供虚假申报材料享受税收优惠政策的。

（7）骗取国家出口退税款，被停止出口退（免）税资格未到期的。

（8）有非正常户记录或者由非正常户直接责任人员注册登记或者负责经营的。

（9）由 D 级纳税人的直接责任人员注册登记或者负责经营的。

（10）存在税务机关依法认定的其他严重失信情形的。

被列入“黑名单”的纳税人在“黑名单”公布的评价年度判为 D 级，其 D 级记录一直保留至“黑名单”从公布栏中撤出的评价年度（但不得少于 2 年），次年不得评为 A 级。

第 18 课　评价结果和权益维护

一、结果查询

税务机关每年 4 月确定上一年度纳税信用评价结果，并为纳税人提供自我查询服务，了解自己的纳税信用级别及扣分明细。纳税人可以通过办税服务厅（场所）、电子税务局办理纳税信用评价结果的出具与打印，具体网址和地点可从省（自治区、直辖市和计划单列市）税务局网站“纳税服务”栏目查询。

二、补评

补评，即补充纳税信用评价。以下两种情况可以申请补评：

（1）如果纳税人符合参评条件，对当期未予评价有异议，可向主管税务机关申请补充纳税信用评价。

（2）如果纳税人因为涉嫌税收违法被立案查处尚未结案，或被审计、财政部门依法查出税收违法行为，税务机关正在依法处理尚未办结，或已申请税务行政复议、提起行政诉讼尚未结案的情形导致当年没有参与评价，待上述情形解除后，可向主管税务机关申请补充纳税信用评价。

纳税人可通过办税服务厅（场所）、电子税务局办理，申请补评时需填写《纳税信用补评申请表》，主管税务机关会自受理申请之日起 15 个工作日内完成补评工作，并向纳税人反馈纳税信用评价信息或为纳税人提供评价结果的自我查询服务。

三、复评

当已纳入纳税信用管理的纳税人对纳税信用评价结果有异议时，可在纳税信用评价结果确定的当年内，向主管税务机关申请复评。纳税人可通过办税服务厅（场所）、电子税务局办理，申请复评时需填写《纳税信用复评（核）申请表》，主管税务机关会自受理申请之日起 15 个工作日内完成复评工作，并向纳税人反馈纳税信用复评信息或为纳税人提供复评结果的自我查询服务。

四、修复

对 22 种情节轻微或未造成严重社会影响的纳税信用失信行为，在一定期限内纠正的前提下，纳税人可以向主管税务机关申请纳税信用修复。下列几类情形在规定期限内纠正失信行为的可申请纳税信用修复：

（1）纳税人发生未按法定期限办理纳税申报、税款缴纳、资料备案等事项且已补办的。

（2）未按税务机关处理结论缴纳或者足额缴纳税款、滞纳金和罚款，未构成犯罪，纳税信用级别被直接判为 D 级的纳税人，在税务机关处理结论明确的期限期满后 60 日内足额缴纳、补缴的。

（3）纳税人履行相应法律义务并由税务机关依法解除非正常户状态的。

（4）破产企业或其管理人在重整或和解程序中，已依法缴纳税款、滞纳金、罚款，并纠正相关纳税信用失信行为的。

（5）因确定为重大税收违法失信主体，纳税信用直接判为 D 级的纳税人，失信主体信息已按照国家税务总局相关规定不予公布或停止公布，申请前连续 12 个月没有新增纳税信用失信行为记录的。

（6）由纳税信用 D 级纳税人的直接责任人员注册登记或者负责经营，纳税信用关联评价为 D 级的纳税人，申请前连续 6 个月没有新增纳税信用失信行为记录的。

（7）因其他失信行为纳税信用直接判为 D 级的纳税人，已纠正纳税信用失信行为、履行税收法律责任，申请前连续 12 个月没有新增纳税信用失信行为记录的。

（8）因上一年度纳税信用直接判为 D 级，本年度纳税信用保留为 D 级的纳税人，已纠正纳税信用失信行为、履行税收法律责任或失信主体信息已按照国家税务总局相关规定不予公布或停止公布，申请前连续 12 个月没有新增纳税信用失信行为记录的。

纳税人可通过办税服务厅（场所）、电子税务局办理，申请修复时需填写《纳税信用修复申请表》，主管税务机关会自受理申请之日起 15 个工作日内完成补评工作，并向纳税人反馈纳税信用评价信息或为纳税人提供评价结果的自我查询服务。

五、不影响纳税信用评价的情形

不影响纳税信用评价的情形包括以下三种：

（1）由于税务机关原因或者不可抗力，造成纳税人未能及时履行纳税义务的；

（2）非主观故意的计算公式运用错误以及明显的笔误造成未缴或者少缴税款的；

（3）国家税务总局认定的其他不影响纳税信用评价的情形。

第 19 课　激励与惩戒

一、对 A 级纳税人的激励措施

（一）税务机关的激励措施

（1）主动向社会公告年度 A 级纳税人名单。

（2）一般纳税人可单次领取 3 个月的增值税发票用量，需要调整增值税发票用量时即时办理。

（3）增值税普通发票按需领用。

（4）连续 3 年被评为 A 级信用级别（简称 3 连 A）的纳税人，由税务机关提供绿色通道或专门人员帮助办理涉税事项。

（5）纳税信用 A 级出口企业可评为出口企业管理一类企业。评为出口管理一类企业的 A 级纳税人，享受以下便利措施：

①税务机关受理出口退（免）税正式申报后，经核对申报信息齐全无误的，即可办理出口退（免）税；

②可优先安排该类企业办理出口退税；

③税务机关可向该类企业提供绿色办税通道（特约服务区），并

建立重点联系制度，指定专人负责并定期联系企业；

（6）纳税信用为A级的小微企业，制造业，批发和零售业，农、林、牧、渔业，住宿和餐饮业，居民服务、修理和其他服务业，教育，卫生和社会工作和文化、体育和娱乐业等行业纳税人符合办理留抵退税条件的，可以按规定申请留抵退税。

（二）其他部门的激励措施

由国家发展改革委和税务总局牵头，人民银行、中央文明办、教育部等29部门和单位就纳税信用A级纳税人实施联合激励措施达成如下一致意见：

（1）建立行政审批绿色通道，根据实际情况实施“容错受理”等便利服务，部分申报材料（法律法规要求提供的材料除外）不齐备的，如行政相对人书面承诺在规定期限内提供，可先行受理，加快办理进度。

（2）企业债发行过程中，鼓励发行人披露纳税信用级别信息，增强发行人的市场认可度，降低企业融资成本。

（3）在粮食、棉花等进出口配额分配中，可以将申请人信用状况与获得配额难易程度或配额数量挂钩，对于A级纳税人给予一定激励措施。

（4）在电力直接交易和落实优先发电权、优先购电权中，对于交易主体为A级纳税人的，同等条件下优先考虑。

（5）在企业境外发债备案管理中，同等条件下加快办理进度，适时选择A级纳税人开展年度发债额度一次核定、分期分批发行试点。

（6）在政府投资项目招标中，招标人确需投标人提交纳税证明的，可以简化纳税证明等相关手续。

（7）在战略性新兴产业融资担保风险补偿金试点工作中，对于纳入风险补偿支持范围的企业，同等条件下予以优先考虑。

（8）重大项目稽查中，对于中央预算内投资项目专项稽查过程中，可适当减少抽查比例。

（9）在价格执法检查中，适当减少抽查频次。

（10）在实施财政性资金项目安排时，将企业纳税信用状况作为参考条件，同等条件下优先考虑 A 级纳税人。

（11）申请增值电信业务给予便利和优惠。

（12）办理社保等业务时给予提前预约、优先办理、简化流程等必要便利。

（13）在政府招标供应土地时，同等条件下优先考虑。

（14）办理环境影响评价文件审批等环境保护许可事项，在同等条件下予以优先支持。

（15）办理商务领域相关行政审批事项时，给予优先处理的便利政策，缩减办证的时间。

（16）以下便利化措施，适用于海关企业信用等级为认证企业的 A 级纳税人：

①适用较低进出口货物查验率；

②简化进出口货物单证审核；

③优先办理进出口货物通关手续；

④海关优先为企业设立协调员，解决企业进出口通关问题；

⑤享受 AEO 互认国家或地区海关提供的通关便利措施。

（17）对于海关企业信用等级为一般信用企业的 A 级纳税人，海关优先对其开展信用培育或提供相关培训。

（18）优先办理车辆通关手续。

（19）优先核发国际汽车运输行车许可证。

（20）将纳税信用 A 级纳税人在企业信用信息公示系统上进行公告。

（21）适用较低的检验检疫口岸查验率。

（22）优先安排免办 CCC 认证货物担保放行以及后续销毁核销等。

（23）办理目录外 3C 和 3C 证书时，予以优先处理。

（24）建立绿色通道，在办理食品药品生产经营审批事项时根据实际情况提供便利服务。

（25）作为银行授信融资的重要参考条件。

（26）作为优良信用记录记入金融信用信息基础数据库。

（27）审批证券、基金管理公司、期货公司及保险公司设立、变更、从事相关业务等行为时，将企业信用信息作为重要参考。

（28）在保险中介机构的设立等方面提供便利化措施。

（29）在外汇管理改革过程中，优先选择外汇业务合规性好的A级纳税人作为贸易投资便利化改革措施的先行先试对象。

（30）将纳税信用A级纳税人情况纳入全国文明城市测评标准，作为评选全国文明单位的参考条件。

（31）在评选“五一劳动奖章”时同等条件下予以优先考虑。

（32）在评选全国性先进社会组织时予以优先考虑。

（33）出台适宜在部分企业进行试点的优惠政策、便利服务措施时，考虑优先选择纳税信用A级企业试点。

（34）作为各部门在本行业、本领域内向企业、个人和其他组织颁发荣誉证书、嘉奖和表彰等荣誉性称号的重要参考，优先给予奖励和表彰。

（35）向“信用中国”网站和社会化征信机构适时推送相关信息。

（36）小微企业在“银税互动”中可获得融资便利。

二、对B级纳税人的管理和服务

对纳税信用评价为B级的纳税人，税务机关实施正常管理，适时进行税收政策和管理规定的辅导，并视信用评价状态变化趋势，选择性地采用对纳税信用评价为A级纳税人的激励措施。

（1）纳税信用B级的纳税人可一次领取不超过2个月的增值税发票用量。

（2）在国家税务总局《出口退（免）税企业分类管理办法》中，纳税信用级别为 B 级或 A 级，是评定出口企业管理类别一类的必要条件。

（3）纳税信用为 B 级的小微企业、制造业和批发零售业等行业纳税人符合办理留抵退税条件的，可以按规定申请留抵退税。

（4）在“银税互动”中 B 级小微企业可获得融资便利。

三、对 M 级纳税人的管理和服务

对纳税信用评价为 M 级的纳税人，税务机关加大服务力度，适时进行税收政策和管理规定的辅导。在“银税互动”中 M 级小微企业可获得融资便利。

延伸学习 <<<<<<

“银税互动”是指税务、银保监部门和银行业金融机构合作，帮助企业将纳税信用转化为融资信用，缓解企业融资难题的活动，自 2015 年推出以来为广大守信纳税企业获得银行融资发挥了积极作用。纳税信用为 A、B、M 级的小微企业可通过银行网点、网上银行等渠道申请免抵押、免担保的信用贷款，符合条件的，能获得快速优惠的融资。

四、对 C 级纳税人的管理和服务

对纳税信用评价为 C 级的纳税人，税务机关将依法从严管理并视信用评价状态变化趋势，选择性地采用对纳税信用评价为 D 级纳税人采取的管理措施。

（1）在国家税务总局《出口退（免）税企业分类管理办法》中，出口企业上一年度纳税信用级别为 C 级的，其出口企业管理类别应评定为三类。

（2）不得享受资源综合利用产品和劳务增值税即征即退优惠政策。

（3）不能享受部分安置残疾人就业增值税即征即退优惠政策。

五、对纳税信用 D 级纳税人的惩戒

如果纳税人的纳税信用级别为 D 级，税务机关将会对纳税人采取以下限制措施：

（1）公开 D 级纳税人及其直接责任人员名单，对直接责任人员注册登记或者负责经营的其他纳税人纳税信用直接判为 D 级。

（2）增值税专用发票领用按辅导期一般纳税人政策办理，增值税普通发票的领用实行交（验）旧供新、严格限量供应。

（3）纳税信用级别为 D 级的出口企业，出口退税管理类别直接评定为四类，应加强出口退税审核。

（4）加强纳税评估，严格审核其报送的各种资料。

（5）列入重点监控对象，提高监督检查频次，发现税收违法违规行为的，不得适用规定处罚幅度内的最低标准。

（6）将纳税信用评价结果通报相关部门，建议在经营、投融资、取得政府供应土地、进出口、出入境、注册新公司、工程招投标、政府采购、获得荣誉、安全许可、生产许可、从业任职资格、资质审核等方面予以限制或禁止。

（7）对于因直接判级评为 D 级的纳税人，D 级评价保留 2 年，第三年纳税信用不得评价为 A 级；对于因评价指标得分评为 D 级的纳税人，次年评价时加扣 11 分。

（8）税务机关与相关部门实施的联合惩戒措施，以及结合实际情况依法采取的其他严格管理措施。

（9）不得享受资源综合利用产品和劳务增值税即征即退优惠

政策。

（10）不能享受部分安置残疾人就业增值税即征即退优惠政策。

六、对重大税收违法案件当事人的惩戒

为推动形成褒扬诚信、惩戒失信的强大合力，国家发展改革委、人民银行、税务总局、中央文明办等 34 个部门对重大税收违法案件当事人实施联合惩戒措施达成如下一致意见。

1. 惩戒对象

联合惩戒对象为税务机关因《重大税收违法失信主体公布管理办法》（国家税务总局令第 54 号）重新修订，公布的重大税收违法失信主体（以下简称当事人）。当事人为自然人的，惩戒的对象为当事人本人；当事人为企业的，惩戒的对象为企业及其法定代表人、负有直接责任的财务负责人；当事人为其他经济组织的，惩戒的对象为其他经济组织及其负责人、负有直接责任的财务负责人；当事人为负有直接责任的中介机构及从业人员的，惩戒的对象为中介机构及其法定代表人或负责人，以及相关从业人员。

2. 惩戒措施

（1）纳税信用直接判为 D 级。

（2）阻止出境。对欠缴查补税款的当事人，在出境前未按照规定结清应纳税款、滞纳金或者提供纳税担保的，税务机关可以通知出入境管理机关阻止其出境。

（3）因税收违法行为，触犯刑事法律，被判处刑罚，执行期满未逾五年的当事人，由市场监督管理等部门限制其担任企业的法定代表人、董事、监事及经理。

（4）鼓励征信机构依法采集重大税收违法案件信息，并向金融机构提供查询，引导商业银行、证券期货经营机构、保险公司等金融机构按照风险定价原则，将重大税收违法信息作为对当事人提供金融服

务的重要参考。

（5）对有履行能力但拒不履行的严重失信主体实施限制购买不动产、乘坐飞机、乘坐列车软卧、G 字头动车组全部座位和其他动车组一等以上座位、旅游度假、入住星级以上宾馆及其他高消费行为等措施。

（6）向社会公示。通过“信用中国”网站、国家企业信用信息公示系统和国家税务总局门户网站，向社会公示重大税收违法案件信息。

（7）限制取得政府供应土地。

（8）直接列为出入境检验检疫信用 D 级，实行限制性检验检疫管理措施。

（9）在一定期限内依法禁止参加政府采购活动。

（10）不予适用海关认证企业管理。

（11）限制证券期货市场部分经营行为。证券监督管理部门在办理以下业务时，将重大税收违法案件信息作为进行限制的重要参考：

①发起设立或参股各类私募基金管理机构或私募基金等；

②证券公司、基金管理公司、期货公司设立及变更持有 5% 以上股权的股东、实际控制人审批；

③股票发行上市、重组上市及在全国中小企业股份转让系统挂牌公开转让审核。

（12）限制保险市场部分经营行为。

①在进行保险公司、保险资产管理公司股东资质审核时，将重大税收违法案件信息中所列明的当事人失信状况作为重要参考依据；

②在审批保险公司董事、监事及高级管理人员任职资格时，将重大税收违法案件信息中所列明的当事人的失信状况作为重要参考依据。

（13）禁止受让收费公路权益。

（14）依法依规限制政府性资金支持。

（15）从严审核企业债券发行、依法限制发行公司债券。

（16）依法限制商品进口关税配额分配。

（17）从严审核行政许可审批项目，从严控制生产许可证发放。

（18）限制从事互联网信息服务。

（19）依法限制参与有关公共资源交易活动。

（20）依法限制参与基础设施和公用事业特许经营。

（21）对公布的重大税收违法案件当事人失信行为负有直接责任的注册执业人员等实施市场和行业禁入措施。

（22）撤销重大税收违法当事人及其法定代表人、负责人、高级管理人员和对税收违法行为负有直接责任的董事、股东等人员的荣誉称号，取消参加评先评优资格。

（23）支持行业协会商会对失信会员实行警告、行业内通报批评、公开谴责、不予接纳、劝退等。建立健全行业自律公约和职业道德准则，推动行业信用建设。引导行业协会商会完善行业内部信用信息采集、共享机制，将严重失信行为记入会员信用档案。鼓励行业协会商会与有资质的第三方信用服务机构合作，开展会员企业信用等级评价。支持行业协会商会按照行业标准、行规、行约等，视情节轻重对失信会员实行警告、行业内通报批评、公开谴责、不予接纳、劝退等惩戒措施。

（24）属于贸易外汇收支企业名录内的企业，列为货物贸易 B 类企业进行外汇管理。

（25）限制在认证行业执业。

（26）限制取得认证机构资质；限制获得认证证书，已获得认证证书的，暂停或撤销相应的认证证书。

（27）相关部门和社会组织在行政许可、新增项目审批和核准、强制性产品认证、授予荣誉等方面予以参考，进行必要的限制或者禁止。

第 20 课　其他风险提示

一、对失信企业协同监管和联合惩戒

国家发展改革委和国家市场监督管理总局等 38 个部门联合惩戒对象为违背市场竞争准则和诚实信用原则，存在侵犯消费者合法权益、制假售假、未履行公示义务等违法行为，被各级市场监督管理部门吊销营业执照、列入经营异常名录或严重违法失信企业名单，并在企业信用信息公示系统上予以公示的企业及其法定代表人（负责人），以及根据相关法律法规规定对企业严重违法行为负有责任的企业法人和自然人股东、其他相关人员，备忘录其他签署部门在履行法定职责过程中记录的，依据法律法规应予以限制或实施市场禁入措施的严重违法失信企业和个人。如果纳税人被列为上述失信惩戒对象，将会面临以下税务风险：

（1）纳税人不办理税务登记的，由税务部门责令限期改正；逾期不改正的，经税务部门提请，由市场监督管理部门吊销其营业执照。

（2）市场监督管理部门向税务部门定期通报市场主体设立、变更、注销登记以及吊销营业执照信息。

二、对失信被执行人的联合惩戒

国家发展改革委和最高人民法院等 44 个部门确定的联合惩戒对象为最高人民法院公布的失信被执行人（包括自然人和单位）。如果纳税人被列为上述失信惩戒对象，将会面临以下税务风险：税务机关在实施税收优惠性政策时，查询相关机构及其法定代表人、实际控制人、董事、监事、高级管理人员是否为失信被执行人，对其享受该政策时审慎性参考。

三、对安全生产领域失信生产经营单位及其有关人员的联合惩戒

国家发展改革委和应急管理部等 18 个部门确定的联合惩戒对象为在安全生产领域存在失信行为的生产经营单位，及其法定代表人、主要负责人，分管安全的负责人、负有直接责任的有关人员等。如果纳税人被列为上述失信惩戒对象，将会面临以下税务风险：税务机关在实施税收优惠政策时，将生产经营单位的失信状况作为审慎性参考依据；在部门主管领域内取消对存在失信行为的生产经营单位的政策性资金支持。

四、对环境保护领域失信生产经营单位及其有关人员的联合惩戒

国家发展改革委和自然资源部等 31 个部门确定的联合惩戒对象为在环境保护领域存在严重失信行为的生产经营单位及其法定代表人、主要负责人和负有直接责任的有关人员。如果纳税人被列为上述失信惩戒对象，将会面临以下税务风险：

（1）因违反环境保护法律法规受到处罚的，根据财政部、国家税务总局相关规定，自处罚决定下达的次月起 36 个月内，不得享受资源综合利用产品和劳务增值税即征即退政策。

（2）存在超过污染物排放标准或者超过重点污染物排放总量控制指标排放污染物等违法行为的，按照财政部、国家税务总局相关规定，

停止执行已经享受的环境保护项目企业所得税优惠。

五、对食品药品生产经营严重失信者的联合惩戒

国家发展改革委和国家市场监督管理总局等28个部门确定的联合惩戒对象为国家市场监督管理部门公布的存在严重失信行为的食品（含食品添加剂）、药品、化妆品、医疗器械生产经营者。该生产经营者为企业的，联合惩戒对象为企业及其法定代表人、负有直接责任的有关人员；该生产经营者为其他经济组织的，联合惩戒对象为其他经济组织及其负责人；该生产经营者为自然人的，联合惩戒对象为本人。如果纳税人被列为上述失信惩戒对象，将会面临以下税务风险：列入税收管理重点监控对象，加强纳税评估，提高监督检查频次，并对其享受税收优惠从严审核。

六、对严重质量违法失信行为当事人的联合惩戒

国家发展改革委和国家市场监督管理总局等26个部门确定的联合惩戒对象为违反产品质量管理相关法律、法规，违背诚实信用原则，经过市场监督管理部门认定存在严重质量违法失信行为的生产经营企业及其法定代表人。上述联合惩戒对象由质检总局定期汇总后提供给签署备忘录的各部门。如果纳税人被列为上述失信惩戒对象，将会面临以下税务风险：税务机关将失信企业的失信状况作为纳税信用评价的重要外部参考。

七、对财政性资金管理使用领域相关失信责任主体的联合惩戒

国家发展改革委和财政部等28个部门联合惩戒对象为财政部、国

家发展改革委会同有关部门确定的在财政性资金管理使用领域中存在弄虚作假、虚报冒领、骗取套取、截留挪用、拖欠国际金融组织和外国政府贷款到期债务等失信、失范行为的单位、组织和有关人员。如果纳税人被列为上述失信惩戒对象，将会面临以下税务风险：税务机关在实施优惠性政策时，查询相关机构及其法定代表人、实际控制人、董事、监事、高级管理人员是否为失信责任主体，对其享受该政策时审慎性参考。

后　　记

本书编写人员分工：薛香梅负责第一篇，李论、曾宪松负责第二篇，黄蔚负责第三篇，赵湘、何伟负责第四篇，赵湘负责第五篇，谌宪伟、邱展智负责全书统稿。

本书在编写过程中，得到了许多朋友的协助和大力支持。国家税务总局湖南省税务局12366纳税缴费服务热线的同志们，国家税务总局湖南省税务局的余锦钟、周春华、肖静琳、黄文军、丁娜娜、何振华、李元海、谢彦、李晔、黄涛，国家税务总局长沙市税务局的黄艳、王冰，国家税务总局株洲市税务局的肖敏锐、唐卓，以及国家税务总局湘潭市税务局的修宇雯等，为本书的完善提出了许多宝贵意见和建议。此外，国家税务总局湘潭市岳塘区税务局参与了书稿的校订工作，谨在此一并表示衷心感谢！

主　编

2023年3月